Comprometida a escuchar

CUARENTA DÍAS DE DEDICACIÓN

Michelle J. Goff

Iron Rose Sister Ministries

Derechos de autor © 2024 por Michelle J Goff.

Todo derecho reservado. Este libro y ninguna de sus partes pueden ser usadas o reproducidas en ninguna forma gráfica, electrónica o mecánica, incluyendo fotocopia, grabación, taquigrafiado, tipeado o algún otro medio, incluyendo sistemas de almacenamiento, sin previo permiso por escrito de la casa editora, excepto en caso de citas breves incorporadas en revisiones o artículos críticos.

Michelle J. Goff / Kindle Direct Publishing
Iron Rose Sister Ministries / Ministerio Hermana Rosa de Hierro
https://HermanaRosadeHierro.com
+1-501-593-4849

Book Layout ©2013 BookDesignTemplates.com
Foto en la portada: Michelle J. Goff
Foto de perfil de la autora: Ashel Parsons
Diseño de la portada: Michelle J. Goff y Bailey Vesperman

Las citas bíblicas son tomadas de LA BIBLIA DE LAS AMERICAS © Copyright 1986, 1995, 1997 by The Lockman Foundation Usadas con permiso

La Santa Biblia, Nueva Traducción Viviente, © Tyndale House Foundation, 2010. Todos los derechos reservados.

La Santa Biblia, Nueva Versión Internacional® NVI® Copyright © 1986, 1999, 2015 by Biblica, Inc. Usado con permiso. Todos los derechos reservados mundialmente.

El texto Bíblico ha sido tomado de la versión Reina-Valera © 1960 Sociedades Bíblicas en América Latina; © renovado 1988 Sociedades Bíblicas Unidas. Utilizado con permiso. Reina-Valera 1960™ es una marca registrada de la American Bible Society, y puede ser usada solamente bajo licencia.

Comprometida a escuchar: Cuarenta días de dedicación / Michelle J. Goff.—1er ed.

ISBN: 978-1-960403-05-6
eLibro: 978-1-960403-06-3

Contenido

Dedicación vii

Prefacio 1

Introducción

    Comprometida a esta casa. 3

    Lección introductoria para los grupos pequeños. 7

Semana 1: QUIÉN

    1. Creador 11

    2. Buen Pastor. 12

    3. YHVH, el YO SOY. 14

    4. Padre 16

    5. Jesús, el Hijo 18

    6. Espíritu Santo 20

    Introducción de las Reflexiones semanales y los Elementos Comunes 23

Semana 2: POR QUÉ

    1. Se trata de las relaciones 27

    2. Hablar sólo o que dice el Padre. .30

    3. Las seguidores comprometidas escuchan 32

    4. Dedicada a escuchar 35

    5. Es una prioridad 38

    6. El compromiso implica sacrificio 40

    7. No se trata de mí 42

    Reflexiones semanales y los Elementos Comunes 44

Semana 3: CUÁNDO

    1. Con tiempo 47

    2. Cuando estamos gozosas o en llanto 49

    3. En noches de paz 52

    4. Cuando guardamos silencio 54

    5. Cuando me siento impaciente, estresada o imperfecta .. 57

    6. Temprano por la mañana o toda la noche 60

    7. Durante las vigilias de la noche 62

    Reflexiones semanales y los Elementos Comunes 64

Semana 4: DÓNDE

    1. El santo Templo 67

    2. Morando en Su Presencia 70

    3. La Roca más alta que yo 72

    4. Montaña alta o valle profundo 74

    5. La noche oscura del alma 76

    6. Donde sea que comamos 78

    7. ¿Vivir o quedarse? 80

    Reflexiones semanales y los Elementos Comunes 82

Semana 5: CÓMO

    1. Las posturas para escuchar 85

    2. Un coro de confianza 87

    3. Escuchar con paciencia y perseverancia 89

    4. ¿Es el escuchar un llamado a la acción? 91

    5. Ayunar antes de festejar 93

    6. Escuchar a través de la adoración 95

    7. Oídos que escuchan 97

    Reflexiones semanales y los Elementos Comunes 100

Semana 6: QUÉ

    1. Prueben y vean; oigan y vean 103

    2. La Palabra versus el mundo 106

    3. La fidelidad y el amor 108

    4. El corazón, el alma, la mente y la fuerza de Dios 110

    5. El ruido versus el silencio 112

    6. Guía y rendición 113

    Reflexiones semanales y los Elementos Comunes 116

Conclusión 119

Agradecimientos 122

Apéndices

    A. Comprometidas a escucharnos unas a otras 124

    B. Formato para los estudios bíblicos del Ministerio Hermana Rosa de Hierro 128

    C. Guía para la Facilitadora 131

    D. Sobre el Ministerio Hermana Rosa de Hierro 134

Bibliografía 137

Sobre la autora 139

A Katie – siempre has mantenido tu compromiso a escucharme y a Dios por décadas, y las dos hemos crecido por ello. Eres mi hierro afilando a hierro y te agradezco.

Prefacio

Me sentía vencida y acabada por mi salud, deprimida por mi incapacidad física de hacer lo que necesitaba hacer y abrumada con la lista creciente de tareas incumplidas. Clamé a Dios. Mis lágrimas se derramaron en almohadas, en salas de terapia, en hombros comprensivos y cayeron continuamente en mi cara sin parar por el dolor. Habiendo ya andado por un camino similar antes, estaba agotada. Estaba exhausta. Indispuesta a rendirme al dolor ni permitir que esta versión de mi "nueva normalidad" se convirtiera en mi identidad, clamé a Dios.

Un día mientras oraba en la ducha, donde tengo mis mejores conversaciones con Dios, fue como si me hubiera susurrado, "el que levanta mi cabeza". Estimulada a clamar a Dios por ese nombre, comencé a orar específicamente a Él de esa manera: Me siento acabada, por favor sé el que levanta mi cabeza. Mis pensamientos van corriendo; puedo cantar: "Tú, o SEÑOR, eres el escudo que me protege. Eres mi gloria. Eres el que levanta mi cabeza..." (tomado de Salmo 3:3). Aunque no abrí mi Biblia para leer el salmo, sabía que la frase venía directamente de las Escrituras.

Todos a mi alrededor sabían que yo estaba luchando. Podían ver el dolor detrás de mis ojos y daban testimonio de mis lágrimas. Mi comportamiento era moderado. Reconociendo la batalla espiritual realizada en mi cuerpo, abiertamente pedía oraciones en estudios bíblicos de grupos pequeños, con el equipo del Ministerio Hermana Rosa de Hierro, con amigos y familia. Mi madre sugirió que yo fuera a la reunión semanal de los ancianos y aprovechar lo que ofrecen: que los ancianos de la congregación oren sobre alguien.

Obedientemente, contacté a dos de los ancianos pidiendo oración. Frente a todo el grupo, después de explicar mi necesidad desesperada de tener a otros levantándome y al ministerio en oración, reiteré mis clamores al que levanta mi cabeza.

La siguiente mañana, mi carga se sintió más ligera. Nada había cambiado en mi cuerpo, pero mi perspectiva sí cambió, recordando que Dios no nos ha llamado a llevar las cargas solas (Gá 6:1; Mt 11:28-29). Eso fue un miércoles por la noche.

El siguiente domingo por la mañana, llegué al local de la iglesia con mucho dolor. Mi cadera se estaba esforzando para quedarse en su lugar. Mi cuello me estaba gritando y a punto de provocarme una migraña. Comencé a hacer ejercicios de fisioterapia con ambos, sentada en mi silla y parada para cantar. Masajeaba mi cuello y flexionaba mis músculos del muslo y glúteo. Ese día oraba más que adoraba. No podía concentrarme en el sermón; mis pensamientos caían por caminos desolados sin esperanza y de mucho dolor. Temores corrían desenfrenados al dudar mis habilidades físicas de continuar con lo que Dios me estaba llamando y al Ministerio Hermana Rosa de Hierro a hacer luego.

Inmediatamente después del culto, me abrí con una amiga, pidiendo oración para que Satanás NO ganara en esta batalla espiritual. Cuando me preguntó por que podía orar específicamente, le dije, "Sabiduría, discernimiento y esperanza. Estoy orando al que levanta mi cabeza y el Sustentador de mi alma."

Insegura de mi habilidad de asistir a la clase dominical después del culto, me agaché para conversar con otra amiga que estaba sentada cerca quien "casualmente" era una terapista física. Me di cuenta de cómo ella podría entender mejor mi aprieto y orar más específicamente sobre un posible diagnóstico que habíamos comenzado a explorar con los médicos profesionales que me estaban atendiendo.

Después de desahogarme nuevamente sobre los temores, emociones y la batalla espiritual, especificando los desafíos con mi cuello y mi cadera esa mañana, le conté cómo el Espíritu Santo me inspiró a orar al "que levanta mi cabeza". De repente, me reí, dándome cuenta cuán literalmente esa oración aplicaba a mis circunstancias. Esa amiga comprendió de inmediato y respondió, "Jaja, ¡me imagino a Dios riéndose y deleitándose en ti al hacer la conexión finalmente!" Nos reímos de cómo el estímulo del Espíritu ya hace varias semanas a hacer una oración al que levanta mi cabeza ya era una respuesta a cómo Él podía levantar mi cabeza y mi cuello, física y espiritualmente.

El siguiente domingo cantamos DOS canciones que mencionaron el "Alzador de mi cabeza". Dios me veía. Oía mis clamores. Gané confianza en eso porque había sido comprometida a escuchar, a Dios, a mi madre, a las oraciones verbalizadas y silenciosas de otros. El que levanta mi cabeza era el Sustentador de mi alma. Y aunque seguía con la lucha del dolor, confiaba que no estaba sola y renové mi compromiso a escuchar.

Introducción

Comprometida a esta casa

Cuando se construye una casa, los cimientos son fundamentales (1P 2:4-8). *"Si el SEÑOR no edifica la casa, en vano se esfuerzan los albañiles"* (Sal 127:1a NVI[1]). Confiamos en el arquitecto que dibujó los planes y nos emocionamos cuando vemos que la casa ya tiene forma.

Ya sea que estemos diseñando el interior de una casa o estemos buscando un buen lugar para vivir, comenzamos a soñar con cómo se va a ver. ¿Cuántas habitaciones? ¿Cuántos baños? ¿Tendrá un espacio abierto que facilita grandes reuniones para comunión y hospitalidad, o será un espacio más pequeño, un lugar seguro de descanso para quienes están sirviendo de maneras significativas fuera del hogar? ¿Un apartamento o un terreno... en la ciudad o en el campo?

Toma un momento para soñar con cómo terminaría esa casa, cómo se vería... y luego lo vamos a retomar para una aplicación espiritual.

Una vez que hemos diseñado o encontrado la casa indicada para esa etapa de la vida, damos gracias a Dios por Su provisión y comenzamos el proceso de mudarnos e instalarnos. Mi parte favorita del desempaque es la cocina. Me imagino en el espacio, cocinando, agarrando una espátula, arreglando la mesa, buscando los cubiertos, luego guardando los platos después de lavarlos. Quiero asegurarme de poner todo en un sitio lógico para el uso diario. Organizo los gabinetes y donde guardo la comida para que pueda encontrar todo fácilmente.

Ahora algunas de ustedes están encogiéndose de hombros porque es su parte menos favorita del desempaque. Una de mis compañeras de la universidad me invitó a su primer hogar con el esposo para ayudarle a organizar su cocina. ¡Me encantó! Ella lo evitaba, pero yo estaba agradecida porque vivían cerca cuando se mudaron a su siguiente casa para que pudiéramos repetir el proceso colaborativo.

---

[1] Todo versículo bíblico citado viene de la Nueva Versión Internacional (NVI) a menos que se haya anotado otra versión. Además, las abreviaturas de los libros de la Biblia vienen de las usadas por la NVI.

Compañeras nuevas de habitación, recién casados y familias grandes tienen el desafío adicional de unir perspectivas distintas sobre dónde se debe guardar la ropa sucia o cómo se debe montar el rollo de papel higiénico. La división de labores y la lista de quehaceres a diarios son fundamentales para que funcione el hogar sanamente.

Comenzando desde su vientre, mi mamá me narró la vida. Fácilmente reconocía su voz y llegué a imitarla bien. Como adolescente, admito oír sus palabras, más no siempre escucharla con atención. En otros momentos, comprendí el significado de sus palabras más por la entonación de su voz o su lenguaje corporal. Mi propio lenguaje corporal era frecuentemente una indicación de sólo oír o de escuchar verdaderamente.

Como yo definiría a estos dos términos, **el escuchar es prestar atención al significado de un sonido**, la campana escolar señalando el final del día o las palabras de alguien hablando contigo. La identidad del hablante y su relación contigo influencia lo que entiendes. En contraste, **el oír es reconocer físicamente un sonido sin procesar necesariamente su significado.**

Frecuentemente, se intercambian y se confunden los términos. Por ejemplo: **Puede que no escuchemos audiblemente a Dios hablar, pero podemos oír con oídos que escuchan.** *"Quien tiene oídos para oír, que oiga…"* de la invitación y explicación de Jesús en Mateo 13 afirma que los oídos que están prestos y dispuestos a oír y buscar entendimiento son aquellos que están escuchando verdaderamente al Verbo que se hizo carne, aquellos que quieren estar en relación con Él.

Nuestro Dios omnisciente ya conoce nuestras necesidades (Mt 6:8) y puede atenderlas mejor cuando estamos en comunicación con Él, fundamental para una relación saludable. A través de algunos ejercicios, vamos a practicar el escuchar y explorar cómo podemos conocerlo y confiar en Él al vivir nuestro compromiso.

Al abrir este libro, has afirmado personalmente que quieres escuchar y creer en tu relación con Él cuyas palabras importan más. ¡Gracias!

Este libro sobre el escuchar es un estudio independiente con 40 días y reflexiones semanales durante las siguientes seis semanas. Es inspirado en el libro *Llamada a escuchar: Cuarenta días de devoción*. [2] **A través de ese primer libro, establecimos los cimientos, formamos las paredes y pedimos guía para saber dónde y cómo desempacar la práctica de escuchar.** La primera semana de este libro, "QUIÉN" se podría considerar como un resumen de Quién nos ha llamado a escuchar. [3]

---

[2] *Llamada a escuchar: Cuarenta días de devoción* se puede comprar en HermanaRosadeHierro.com o Amazon.com.

[3] Vuelvo y repito que ¡no tienes que haber estudiado *Llamada a Escuchar* para estudiar este libro!

Ahora, recordando la casa que estábamos construyendo, estamos viviendo en ella. Somos seguidoras comprometidas de Cristo enfrentando lo que se puede sentir como una lista larga de quehaceres que nos llevan a vivir sanamente como cristianas. **Es mi oración que vean el compromiso a escuchar como una invitación a mantenerse en relación y no como una tarea no deseada.**

La práctica diaria de escuchar a Dios forma un hábito saludable, una disciplina espiritual que es practicada individualmente y en comunidad. Sin embargo, durante épocas diferentes de mi vida, no he tenido las ganas de escuchar sanamente. En otros momentos, sigo hambrienta de la Palabra de Dios y Sus promesas, guía e instrucción. Mientras más escucho, más quiero oír de Quien cuyas palabras dan vida (Jn 3:16, 10:10).

Semanalmente, también practicaremos el escuchar las unas a las otras (Reflexiones semanales y los Elementos Comunes). Requiere otro tipo de disciplina y compromiso. Debemos poner al lado nuestras necesidades, respuestas y comentarios hasta que hayamos escuchado completamente a la otra persona. Aun cuando nos toca hablar, lo hacemos respetando el tiempo de las demás y el contenido o contexto de la conversación. [4]

¡Gracias a Dios no hay límite de tiempo a nuestras oraciones individuales! Él siempre está atento escuchando. Puede prestar atención a cada una de nosotras, simultáneamente, dándonos Su atención no dividida. ¡Es Dios!

Dios está hablando y Dios escucha bien. Por favor, no lo dudes en tu propio compromiso a escuchar.

Cuando otras comparten lo que han escuchado, mi compromiso a escuchar se renueva y soy inspirada a escuchar más. Tendrás la oportunidad de compartir lo que has oído cada semana o, a veces, sólo escuchar lo que las demás han oído. Juntas, como *"descendencia escogida, sacerdocio regio, nación santa, pueblo que pertenece a Dios"*, nos invita y espera que *"proclamen las obras maravillosas de aquél que nos llamó de las tinieblas a su luz admirable"* (1P 2:9).

Volviendo a la fundación, unos pocos versículos antes, Pedro ofrece una analogía sobre la construcción de una casa espiritual.

[4] *Cristo es la piedra viva, desechada por los seres humanos, pero escogida y preciosa ante Dios. Al acercarse a él,* [5] *también ustedes son como piedras vivas, con las cuales se está edificando una casa espiritual. De este modo llegan a ser un sacerdocio santo, para ofrecer sacrificios espirituales que Dios acepta por medio de Jesucristo.* [6] *Así dice la Escritura:*
«Miren, yo pongo en Sión
una piedra angular escogida y preciosa,
y el que confíe en ella

---
4 Ver Apéndice A: Comprometidas a escucharnos unas a otras

> *no será jamás defraudado».*
> *⁷ Para ustedes los creyentes, esta piedra es preciosa; pero para los incrédulos,*
> *«la piedra que desecharon los constructores*
> *ha llegado a ser la piedra angular», (1P 2:4-7)*

Esa piedra angular que rechazaron los constructores, como se cita en 1 Pedro 2:7, viene del Salmo 118:22. Vamos a usar ese salmo como el texto principal para la "Lección introductoria para los grupos pequeños" en página 7.

Nota:

1. Aún si estás leyendo este libro a solas, favor de haz la lección introductoria. Enriquecerá tu propio estudio de la Palabra y establecerá un patrón que usaremos durante las siguientes semanas.

2. La "Lección introductoria para los grupos pequeños" no requiere ninguna preparación previa. Es para la primera vez que el grupo se reúne. Con ella, se inicia la Semana 1 de las seis. Por lo tanto, tu grupo pequeño hará siete reuniones en total.

3. Para sugerencias y guía para esas reuniones, el Apéndice B contiene el "Formato para los estudios bíblicos del Ministerio Hermana Rosa de Hierro".

4. Se recomienda que roten quién facilita la conversación cada semana entre las participantes. Para las nuevas o más experimentadas, tenemos la "Guía para la facilitadora" en el Apéndice C.

Lección introductoria para los grupos pequeños

Nuestro compromiso mutuo de escuchar a Dios y a las otras nos da la oportunidad de practicar esta disciplina espiritual en un grupo pequeño, comenzando desde el principio de nuestro compromiso de 40 días.

Vayan conmigo a Salmo 118. Vamos a crear una muestra para cada una de las siguientes seis semanas de ejercicios para escuchar.

Tomen turnos para leer el Salmo 118. Luego, después de escucharlo en voz alta, continúen abajo.

El estilo de llamada y respuesta en versículos 1 al 4, luego en el versículo 29, provee un telón de fondo para los otros 24 versículos. Escribe abajo la parte de la respuesta (la 2ª parte de los versículos 1-4 y 29). [5]

La misma exclamación se hace eco en Salmo 136 después de cada versículo y es proclamada, a veces con mayor énfasis en otros salmos, como el procedente, Salmo 117. Por esa expresión, vemos una afirmación del recordatorio de cada salmista de la fidelidad de Dios.

Invita a alguien del grupo a hacer una oración dando gracias a Dios por Su amor que perdura para siempre y pidiéndole que hable a través de este Salmo para iluminar y aclarar nuestro escuchar.

Pausen para orar.

Al ejercitar el músculo espiritual de escuchar, nos ayuda primero establecer el fundamento y definir QUIÉN nos ha llamado a escuchar. Luego podemos recordar POR QUÉ necesitamos escuchar, CUÁNDO escucharemos nuevamente, DÓNDE podemos escuchar mejor, otras maneras de CÓMO escuchar y QUÉ escuchamos. Ejemplos de las Escrituras y de hoy día proveerán indicaciones y empujones inspiracionales en esas áreas correspondientes.

---

[5] Diferentes versiones de la Biblia utilizan diferentes palabras para la expresión de la respuesta. ¡Qué oportunidad más rica para celebrar las varias facetas de esta verdad!

Volviendo al Salmo 118, como grupo, respondan a las siguientes preguntas. Les invito a ver estas palabras de pregunta de forma figurativa no sólo literal. [6]

1. ¿A QUIÉN describe el salmista como el Único a quien debemos escuchar? (vv. 7, 14, 22) [7]

2. Como se indica en el Salmo 118, ¿POR QUÉ nos comprometemos a escuchar?

Cada mujer puede tener respuestas distintas o algunas en común.

3. Aunque no se menciona un tiempo cronológico especifico, ¿CUÁNDO escucha el salmista? (vv. 5, 21)

4. Haz una lista de DÓNDE el salmista escucha o necesita recordar las palabras del SEÑOR (vv. 13, 19-20). Pueden ser referencias literales a lugares específicos o "donde" figurativamente el salmista se encuentra en la vida.

5. ¿CÓMO aborda el salmista el ser comprometido a escuchar? ¿CÓMO escucha? (vv. 15-16, 27)

6. Finalmente, ¿QUÉ escucha el salmista o QUÉ has escuchado tú?

---

[6] No hay una sola respuesta correcta a estas preguntas. A veces, la práctica de escuchar implica una exploración de lo que se escucha, diferente para una persona que para otra.

[7] Versículos sugeridos en paréntesis son un buen lugar para iniciar, pero no es el lugar exclusivo donde se encuentra respuestas válidas.

Al leer este salmo y contestar las preguntas juntas, ¡hemos renovado nuestro compromiso de escuchar a Dios y las unas a las otras!

Cada una de las próximas seis semanas, escogeremos una de estas palabras de pregunta a través de ejercicios diarios para escuchar y diferentes estilos de escuchar, a solas cada día y luego en comunidad una vez a la semana.

Sin importar cuándo, dónde, cómo o qué escuchamos, nos comprometemos a Quien define nuestro por qué.

¡Gracias por tu dedicación! Las primeras dos semanas pueden sentirse más académicas o intelectuales al descubrir QUIÉN y POR QUÉ. Algunos días pueden incluir ejercicios para escuchar que son menos tradicionales. Diferentes indicaciones para escuchar facilitarán el escuchar atento para una persona mientras que la otra no conecta con ese ejercicio para nada. ¡Está bien! **Sin importar nuestra reacción a la disciplina espiritual siendo practicada, espero que todas nos mantengamos comprometidas a escuchar.**

Y cuando nos comprometemos a escuchar, no podemos dejarnos obstaculizar por los varios métodos o acercamientos a este tema. **La mejor manera de escuchar es escuchar.** Sí, es así de sencillo, y así de difícil.

Cierren su tiempo juntas en oración, dando gracias a Dios por la oportunidad de un tiempo dedicado a escuchar.

Ahora, ¡a la Semana 1!

Semana 1: QUIÉN

Semana 1, Día 1
Creador

Vamos a comenzar escuchando alabanzas y promesas de nuestro Creador para enfocar a QUIEN estamos comprometidas a escuchar. Por lo tanto, ¡te animo a hacer este ejercicio de escuchar afuera o sentada al lado de una ventana! **Nos conectamos al Creador en la maravilla de Su creación.**

El Salmo 148 alaba al Creador usando el mismo orden en el que fueron creadas las cosas, revelado primero en Génesis 1. El Salmo 139 es la expresión de David de la grandeza de Dios como Su propio Creador, que aplica a nosotras también. Isaías 44:1-5 hace eco al mismo lenguaje del Salmo 139, pero provee algunas promesas adicionales de nuestro Creador.

Escoge uno o dos versículos de estas lecturas en los que vas a meditar afuera.[8] Escribe o ilustra los versículos abajo.

---

8 Reconozco la dificultad de escoger sólo 1 o 2 versículos.

Sugerencia: Escoge sólo uno de los capítulos para leer hoy (Sal 148, Sal 139 o Is 44). Selecciona el versículo para meditación de ese capítulo. Luego, en otra ocasión, cuando estés usando estos mismos ejercicios de escuchar, puedes leer otro capítulo, seleccionar otros versículos y hasta escribir tus respuestas en otro color de tinta, poniendo la fecha en ambas entradas.

Semana 1, Día 2
Buen Pastor

Al invitar a mi sobrina de 8 años a escoger uno de los ejercicios de escuchar de mis hojitas adhesivas de organización para este libro, ella seleccionó este: Escuchar al Buen Pastor. Después de leer los versículos designados, volvió y compartió conmigo lo que había oído del Buen Pastor. Todavía escucho su dulce voz de fe tierna.

Ahora te toca. Antes de leer los pasajes de las Escrituras, quiero que pintes un dibujo en tu mente (o en esta página) de un pastor fuerte, amable y cariñoso con sus ovejas. Pueden estar en un pasto verde con aguas tranquilas. Pueden estar en un desierto con pocos recursos y necesidad de guía.

Lee Juan 10:1-18, Deuteronomio 30:20 y Ezequiel 34:11-16.

Usando estos versículos como tu inspiración, describe, ilustra o alaba al Buen Pastor. [9]

¿Qué escuchas que el Buen Pastor te dice hoy a través de estos versículos?

---

9 Puedes hacer una lista o un dibujo, escribir un poema, una canción o una carta… ¡sé creativa!

Cuando mi sobrina regresó para compartir lo que había escuchado, enfatizó cómo las ovejas conocían la voz del pastor y que no seguirían a alguien que les quisiera hacer daño. Después de afirmar la verdad de su respuesta, le pregunté cómo las ovejas llegaron a conocer y confiar en la voz del pastor. Así que, cerraré este ejercicio de escuchar con la misma pregunta:

¿Cómo aprendieron las ovejas a confiar en la voz del Buen Pastor? ¿Qué es lo que probablemente él hizo por ellas? ¿Desde cuándo?

¿Cómo ha hecho el Buen Pastor ese mismo tipo de cosas para ti? ¿Cómo ha aumentado tu confianza en Él?

Semana 1, Día 3
YHVH, el YO SOY

El escuchar es un proceso de aprendizaje. Nadie escucha bien de inmediato. Moisés tuvo mucho tiempo para aprender en su caminar y conversar con Dios desde la zarza ardiente en Éxodo 3 hasta su segundo encuentro con Dios en el Monte Sinaí (Éx 34).

Cuando Moisés descendió del monte Sinaí, traía en sus manos las dos tablas del pacto. Pero no sabía que, por haberle hablado el SEÑOR, de su rostro salía un haz de luz. (Éx 34:29, NVI)

Cuando pasamos tiempo en la presencia de Dios, añoramos más tiempo con Él e irradiamos esa Presencia a otros. Cuando experimentamos cómo se siente escuchar la voz de Dios de consuelo, guía, respuesta o paz, nos inspira a escuchar más.

Si no estás allí ahora, ¡está bien! Estamos en este camino juntas, animándonos a estar comprometidas a escuchar.

A través de una visión documentada en Isaías 6, Dios invitó al futuro profeta a escuchar lo que Dios quería que dijera a Su pueblo. En los evangelios, Jesús invitó a los discípulos a comprometerse a seguirlo, escuchar de primera voz Su enseñanza y a aprender a través de su dedicación a Él.

Luego, Jesús se reveló por las siete proclamaciones del YO SOY, incitando a los maestros de la ley que quedaron con ganas de matarlo por blasfemia. Pero los que estaban escuchando cuidadosamente, reconocieron cuando Jesús contestó, *"—Les aseguro que, antes de que Abraham naciera, ¡yo soy!"* (Jn 8:58), que se estaba equiparando al Yahvé, Jehová, SEÑOR, el YO SOY.

Volviendo a Éxodo 3, Dios compartió Su nombre con Moisés: YHVH, el YO SOY.

—YO SOY EL QUE SOY —respondió Dios a Moisés—. Y esto es lo que tienes que decirles a los israelitas: "YO SOY me ha enviado a ustedes". Además, Dios dijo a Moisés: —Di esto a los israelitas: "El SEÑOR, el Dios de sus antepasados, el Dios de Abraham, de Isaac y de Jacob, me ha enviado a ustedes.
»"Este es mi nombre eterno; este es mi nombre por todas las generaciones". (Éx 3:14-15)

De una zarza ardiente, Dios invitó a Moisés a escuchar. Del jardín, Dios respiró vida al hombre que había creado del polvo, invitando a Adán y luego a Eva, a estar en relación con Él, andando, hablando y escuchándose mutuamente.

Al vivir y respirar, Dios nos invita a escuchar hoy. Hemos sido llamadas a escuchar y Él nos está pidiendo que nos comprometamos a escucharlo dedicadamente.

Para prepararnos incluso físicamente para escuchar, vamos a comenzar con un ejercicio de respiración. Primero, como Moisés, por favor quita tus zapatos. Donde sea que te encuentres, Dios te invita a escuchar en tierra santa en Su Presencia (Éx 3:5). Luego, parada o sentada rectamente, toma un suspiro profundo. Al inhalar, escucha el "YH" del nombre de Dios. Al exhalar, escucha el "VH" del aire expirado.

Toma cinco suspiros profundos inhalando "YH" y exhalando "VH".

YHVH es nuestro respiro, nuestra fuente de vida. Sin Él no somos nada.

En el espacio provisto, apunta, dibuja o sé inspirada por lo que has escuchado y sentido al respirar "YHVH". Responde a la invitación del SEÑOR de ser llamada y comprometida a escuchar.

Semana 1, Día 4
Padre

Me encantan los rompecabezas. Ya sea un misterio en el que descubro cuál es el villano o un rompecabezas de mil piezas en mi mesa, disfruto juntar las piezas y ver la imagen completa llegar a la luz. Se han convertido en una disciplina espiritual de silencio y meditación para mí, dado que me gusta analizar y organizar. Cuando me irrito porque una pieza no encaja, recuerdo que mi Padre Celestial sabe dónde van todas las piezas y cuándo se van a juntar.

María, la madre de Jesús, era buena con ese tipo de confianza. Y era buena para meditar y guardar esas cosas en su corazón (Lc 2:19). ¿La puedes imaginar meditando en que su hijo era *Abba* [10] Padre, hecho carne (Jn 1:1, 14)?

Escuchar a Dios se trata más de contemplar y meditar que de analizar y estudiar.

Toma un momento para meditar en estos versículos y atesorarlos en tu corazón. Evita la tentación de analizar o estudiarlos.

¡Fíjense qué gran amor nos ha dado el Padre, que se nos llame hijos de Dios! ¡Y lo somos! El mundo no nos conoce, precisamente, porque no lo conoció a él. (1Jn 3:1)

No temas, que yo te he redimido; te he llamado por tu nombre; tú eres mío. (Is 43:1b)

Y al que me ama, mi Padre lo amará; y yo también lo amaré y me manifestaré a él. (Jn 14:21b)

Que nuestro Señor Jesucristo mismo y Dios nuestro Padre, que nos amó y por su gracia nos dio consuelo eterno y una buena esperanza... (2 Ts 2:16)

Imagínate como una niñita cuyo papá ha llegado a casa del trabajo. Aun si esta no fue tu experiencia, te invito a participar en este ejercicio, imaginando a nuestro Padre Celestial en la puerta, animado a escuchar el reporte de tu día: los altibajos, las alegrías y tristezas... todas y cada parte. YHVH, nuestro Padre, te ama. Te ha llamado por nombre. Eres Suya. Se te ha revelado.

"Jesús nos enseñó a venir como hijos a un padre. La franqueza, honestidad y confianza marcan la comunicación... [hay] espacio tanto para la seriedad como para la risa." [11]

---
10 *Abba* es la palabra hebrea por Padre y Papá. Es un término de respeto y cariño.
11 Richard J. Foster, *Celebración de la disciplina.* (Buenos Aires: Paniel, 2009), 58.

Si estuviéramos escribiendo una carta a Dios el Padre, posiblemente Él preferiría el borrador con los errores tipográficos, los pensamientos desorganizados, el ánimo no cohibido o la pura emoción, contando la versión no editada sin abreviar de lo que se encuentra en nuestra mente (Mt 6:5-8).

Jesús, en el Jardín, expresó Sus sentimientos y deseos más profundos. Los salmistas proveen un ejemplo de su expresión poética musical en reacción a lo que han oído del Padre. Job derramó su corazón. ¿Puedes escuchar el tono de voz de un niño respondiendo a su padre?

Después de escuchar brevemente al corazón del Padre por los versículos bíblicos de hoy, por favor utiliza este espacio para permitir que Dios, nuestro Padre, escuche tu corazón. [12]

---

[12] Es bien probable que no tengas suficiente espacio aquí para esa carta o dibujar todo lo que quieres contar a Abba. Bien puedes usar una hoja o un cuaderno aparte.

Semana 1, Día 5
Jesús, el Hijo

⁹ En esos días llegó Jesús desde Nazaret de Galilea y fue bautizado por Juan en el Jordán. ¹⁰ Enseguida, al subir del agua, Jesús vio que el cielo se abría y que el Espíritu bajaba sobre él como una paloma. ¹¹ También se oyó una voz que desde el cielo decía: «Tú eres mi Hijo amado; estoy muy complacido contigo». (Mr 1:9-11)

Después de meditar un poco en el amor que el Padre nos tiene, ahora vamos a enfocarnos en el amor que el Padre tenía para Su Hijo primogénito. El autor de Hebreos escribió a una audiencia judía, dando testimonio de las muchas maneras en las que ¡Jesús cumplió las profecías del Antiguo Testamento, fue el sacrificio perfecto, el mayor Sumo Sacerdote y más!

Lee Hebreos 1:1-6 y haz una lista de al menos cinco características del Hijo.

¿Qué implica eso para nosotras sobre a Quién estamos comprometidas a escuchar?

Otro escriba bíblico que escribió a una audiencia judía fue Mateo, uno de los doce apóstoles de Jesús. En lo que cuenta del tiempo de Jesús en la tierra, dedica más de un capítulo cada uno para los sermones, parábolas, sanaciones y enseñanzas directas de Jesús a Sus discípulos, comisionándoles a llevar Su mensaje. Mateo también establece la autoridad de Jesús por Su genealogía, cumplimiento de profecía y Sus invitaciones directas a posibles seguidores curiosos. Respondieron a Su autoridad como mandatos del Único que pudiera hacer llamados así.

A lo largo de los evangelios, vemos a seguidores que respondieron al llamado de Jesús, creyendo que Él es el Hijo de Dios mientras que otros, lamentablemente, se alejaron o hasta le traicionaron. **Jesús pide un compromiso total, pero viene con una promesa.**

Como lo resume Dietrich Bonhoeffer, Jesús "se considera como un terreno mucho más firme que todas las seguridades del mundo." [13] Pero esas seguridades vienen con un costo. Jesús pagó el alto precio, pero debemos contar el costo también.

Volviendo al evangelio de Lucas, vamos a terminar el ejercicio de hoy con escuchar las invitaciones de Jesús a responder a Su llamado y considerar el costo.

Lucas 9:23-27

¿Qué está pidiendo Jesús de Sus seguidores?

¿Qué promete Jesús a Sus seguidores?

Lucas 9:57-62

¿Qué pide Jesús de Sus seguidores en estos versículos?

¿A qué invita Jesús a Sus seguidores?
(Pista: Se encuentra al final de los versículos 58, 60, 62.)

¿Otra idea, dibujo, apunte o reflexión que quieres hacer al escuchar a Jesús, el Hijo, hoy?

---

13 Dietrich Bonhoeffer, *El precio de la gracia: El seguimiento.* (Salamanca: Sígueme, 2004), 47.

Semana 1, Día 6
Espíritu Santo

Escuchar al Espíritu Santo es un misterio para unos y una fuente de vida para otros. Vamos a enfocarnos en algunas características clave del Espíritu detalladas en el Nuevo Testamento. Luego, quiero que pienses en un tiempo o momento del pasado en el que el Espíritu ha cumplido ese papel en tu vida. Puede ser una historia que luego puedes compartir con tus Hermanas Rosa de Hierro [14] cuando se reúnan esta semana para compartir en el compromiso continuo de escuchar. [15]

1. Un Guía (Sal 139:7-10; Mr 1:12; Jn 16:13)

2. Abogado / Consejero / Consolador (Jn 14:16, 15:26, 16:7-11; 2Co 1:3-7)

3. Recordatorio de la Verdad (Jn 14:26, 16:12-14)

4. Fuente de fuerza (Hch 2:1-4; Ef 3:16)

---

14 Para aprender más sobre lo que significa ser una Hermana Rosa de Hierro, visita este sitio web: HermanaRosadeHierro.com y lee la descripción del Ministerio Hermana Rosa de Hierro en el Apéndice D.

15 Si la Biblia que estás leyendo no usa la misma palabra usada para el Espíritu Santo, es probablemente por ser otra versión o traducción de la Biblia. ¡Es un excelente recordatorio de la oportunidad de explorar múltiples versiones para un entendimiento más profundo y para facilitar el escuchar de otra manera a las mismas verdades!

5. Dador de Su fruto (Hch 6:3; Gá 5:22-23)

6. Fuente de vida (Ro 8:11)

7. Sello de nuestra herencia (Ef 1:13)

Anota o dibuja tu propio testimonio de cómo el Espíritu ha cumplido al menos uno de esos papeles en tu vida.

Semana 1, Día 7
Preparación para la Semana 1 en Grupos pequeños

Hoy, vamos a presentar la manera en la que vamos a juntar y resumir la semana de escuchar para nosotras mismas y en preparación de nuestras mentes y corazones para el tiempo juntas como grupo pequeño. Para esta primera semana y nuevamente para la sexta semana, no hay un séptimo ejercicio para escuchar. Nuestros cuarenta días de dedicación se llevarán a cabo durante 42 días con reuniones semanales en grupos pequeños.

Por favor, aprovecha el resto del tiempo hoy para seguir en la próxima página.

Reflexiones semanales y los Elementos Comunes

Semana 1: QUIÉN

Cuando nos reunimos, nuestra meta es animarnos e inspirarnos en nuestro compromiso de escuchar. Al compartir lo que hemos oído, reafirmaremos el compromiso de Dios hacia la relación con cada una de nosotras y nos puede motivar a seguir comprometidas e intencionales en esa relación más importante.

Has dedicado un tiempo cada día para escuchar a Dios y ahora vamos a dedicar un tiempo para escucharnos unas a otras. [16] Por favor, reúnete preparada para compartir las maneras en las que has escuchado, qué has oído y cómo podemos apoyarnos en estar comprometidas a escuchar, especialmente a través de la oración.

También, por favor, asiste preparada para escuchar a las otras mujeres en tu grupo. **Dios nos diseñó para estar en relación y una parte vital de las relaciones es escuchar y afirmar lo que hemos oído.** Ponemos al lado nuestras propias necesidades, enfocándonos en lo que la otra está diciendo.

Las siguientes dos preguntas seguirán el patrón que usaremos cada semana, preguntándolas y contestándolas juntas.

1. ¿Qué has oído esta semana en respuesta a la pregunta a QUIÉN escuchamos?

---

16 Apéndice A provee ciertas guías sobre el estar "Comprometidas a escucharnos unas a otras".

2. ¿Cuál día de la actividad para escuchar te llamó más la atención? ¿Por qué esa?

Adicionalmente, en base a lo que cada una ha escuchado, vamos a compartir en los Elementos Comunes (una manera del Ministerio Hermana Rosa de Hierro [17] para hacer que cualquier lección, enseñanza o reflexión bíblica sea muy personal y práctica). Los Elementos Comunes nos ayudan a enfocarnos en puntos específicos que hemos oído y nos guían a ponerlos en práctica, todo en el contexto de la comunidad. También nos sirven como una forma de **diario espiritual**, y por eso te animo a anotar la fecha y volver a verlos luego para notar tu crecimiento. (Estos ejercicios de escuchar se pueden usar varias veces, por ejemplo, usando otro color de tinta con la nueva fecha.)

La respuesta de cada mujer va a ser distinta porque escuchamos cosas únicas y cada una enfrenta batallas espirituales diferentes en cualquier momento dado. Sin embargo, podemos animarnos a crecer y florecer en esas áreas, eliminar espinas que impiden el crecimiento y llamarnos la atención con amor como hierro afilando a hierro (Pr 27:17).

Elementos Comunes

Fecha _____

Indicación opcional para los Elementos Comunes de la Semana 1:

Usando el Salmo 139 del día 6, puedes enfocarte en los últimos dos versículos (23-24, abajo). Pueden ser tu oración para que Dios revele las respuestas a los Elementos Comunes.

> 23 Examíname, oh Dios, y conoce mi corazón;
> pruébame y conoce mis ansiedades.
> 24 Fíjate si voy por un camino que te ofende
> y guíame por el camino eterno.

---

17 Ve Apéndice D.

 Un área en la que quieres crecer o florecer:

 Una espina que deseas eliminar:

 Un área en la que quieres profundizar o necesitas a alguien como afiladora en tu vida. (¿Cómo podemos nosotras, como grupo, ayudarte a seguir escuchando y cumpliendo con lo que has oído?)

Un mensaje de esperanza, una palabra animadora o un versículo bíblico de tu tiempo de escuchar:

Cierren la reunión cada semana con un tiempo de oración, agradeciendo a Dios por lo que han oído y llevándole las peticiones compartidas por los Elementos Comunes. Es una oportunidad de compartir como una sola voz en nuestras luchas, a regocijarnos en las victorias y a volver a comprometernos a nuestras relaciones con Dios y con las otras.

Gracias por mantener la confidencialidad de lo que se comparte entre sí cada vez que se reúnan.

Semana 2: POR QUÉ

Semana 2, Día 1
Se trata de las relaciones

Las buenas nuevas del evangelio son que Dios, por el sacrificio perfecto de Su Hijo, ¡hizo posible que nosotras, pecadoras humildes, pudiéramos estar en relación con Él (Jn 3:16, 14:6)! Su deseo es que todas lleguemos al arrepentimiento como paso vital hacia esa relación con Él (2P 3:9). Nos invita a morar, permanecer, habitar en Él y en Su amor (Jn 15:9). Y le amamos porque primero nos amó (1Jn 4:19). ¡Guau! Toma un momento para meditar y deleitarte en esa verdad.

Aún después de los cientos de años de la infidelidad de los Israelitas a YHVH, el Único y Verdadero Dios, permanecía un remanente que temía y honraba Su nombre; querían estar en relación con Él. El Señor (YHVH) los escuchaba y los oía. Los amaba y los recordaba.

> [16] *Los que temían al Señor hablaron entre sí, entonces él los escuchó y les prestó atención. Entonces se escribió en su presencia un libro de memorias de aquellos que temen al Señor y honran su nombre.* [17] *«El día que yo actúe ellos serán mi propiedad exclusiva —dice el Señor de los Ejércitos—. Tendré compasión de ellos, como se compadece un hombre del hijo que le sirve.* [18] *Y ustedes volverán a distinguir entre el justo y el malvado, entre el que sirve a Dios y el que no le sirve. (Mal 3:16-18)*

Me encantan muchos de los pasajes del Antiguo Testamento que dan testimonio del carácter de Dios y la manera en la que siempre deseaba una relación con Sus escogidos. Como recordatorio de POR QUÉ de verdad se trata de las relaciones, vamos a leer el siguiente pasaje de Isaías 43.

> [1] *Pero ahora, así dice el Señor,*
> *el que te creó, Jacob,*
> *el que te formó, Israel:*
> *«No temas, que yo te he redimido;*
> *te he llamado por tu nombre; tú eres mío.*
> [2] *Cuando cruces las aguas,*
> *yo estaré contigo;*

> *cuando cruces los ríos,*
> *no te cubrirán sus aguas;*
> *cuando camines por el fuego,*
> *no te quemarás*
> *ni te abrasarán las llamas.*
> *³ Yo soy el S<small>EÑOR</small> tu Dios,*
> *el Santo de Israel, tu Salvador." (Is 43:1-3a)*

Hoy, somos el pueblo escogido de Dios (1P 2:9). Usando el mismo texto bíblico abajo de Isaías 43, inserta tu nombre en los espacios en blanco y léelo como oración personal de promesa.

> *Pero ahora, así dice el S<small>EÑOR</small>,*
>
> *el que te creó, _____ (nombre propio),*
>
> *el que te formó, _____ (un apodo tuyo):*
>
> *«No temas, que yo te he redimido;*
>
> *te he llamado por tu nombre _____; tú eres mío.*
>
> *Cuando cruces las aguas, _____,*
>
> *yo estaré contigo;*
>
> *cuando cruces los ríos,*
>
> *no te cubrirán sus aguas, _____;*
>
> *cuando camines por el fuego,*
>
> *_____, no te quemarás*
>
> *ni te abrasarán las llamas.*
>
> *Yo soy el S<small>EÑOR</small> tu Dios, _____*
>
> *el Santo de Israel, tu Salvador." (Is 43:1-3a, adaptado)*

Describe lo que te ha prometido el Señor, el Santo de Israel, nuestro Salvador. Asegúrate de incluir cualquier otra idea o emoción en respuesta a esta invitación a una relación.

Al cerrar este ejercicio de escuchar, te invito a enviar esta misma oración de promesa a una hermana en Cristo, usando todo el pasaje o sólo una frase o expresión. Inserta su nombre donde escribiste el tuyo y anímala con estas palabras.

Semana 2, Día 2
Hablar sólo lo que dice el Padre

Las personas sabias escuchan primero. El mismo Jesús escuchaba antes de hablar.

> *49 Yo no he hablado por mi propia cuenta; el Padre que me envió me ordenó qué decir y cómo decirlo. 50 Y sé muy bien que su mandato es vida eterna. Así que todo lo que digo es lo que el Padre me ha ordenado decir. (Jn 12:49-50)*

Estos versículos no implican que necesitamos tener los 66 libros de la Biblia memorizados para saber qué decir. ¿Cuál es la promesa que el mismo Jesús hace en Lucas 12:11-12?

He sido bendecida por servir como portavoz del Espíritu. Me maravillo de los momentos en los que Dios me daba las palabras que sé que no pudieron venir de mí. Sea que lo hayas experimentado por ti misma o lo hayas observado en agluien más, toma un momento para recordar esa ocasión.

A través de ese recuerdo, espero que escuches la fidelidad de Dios a Sus promesas hoy. Si no lo has experimentado u observado todavía, ahora es buen momento para pedir que te dé las palabras. Dile que estás escuchando.

Vemos evidencia bíblica del Espíritu Santo dando las palabras correctas a los discípulos de Jesús en el libro de Hechos. Una de mis instancias favoritas está registrada en Hechos 4 cuando Pedro y Juan fueron encarcelados después de sanar a un paralítico y proclamar en Jesús la resurrección de la muerte (Hch 4:2).

Retomemos la historia en Hechos 4:13-31.

¿Qué te inspira de esta historia? ¿Qué escuchaste?

Vuelve a leer Hechos 4:13:

Los gobernantes, al ver la osadía con que hablaban Pedro y Juan, y al darse cuenta de que eran gente sin estudios ni preparación, quedaron asombrados y reconocieron que habían estado con Jesús.

Sin importar nuestra herencia, experiencia de vida o tiempo como cristianas, ¡Dios nos ha invitado a ser colaboradoras con Él (1Co 3:9)! Somos Sus embajadoras y mensajeras de reconciliación (2Co 5:20-21). Su Espíritu nos dará las palabras.

Mientras más andamos y hablamos con Dios, más fácilmente podemos hablar sólo lo que dice el Padre.

El resto del espacio en blanco está dedicado a pensamientos adicionales, apuntes o dibujos sobre POR QUÉ escuchamos primero a lo que dice el Padre.

Semana 2, Día 3
Las seguidores comprometidas escuchan

Los judíos comenzaron a refunfuñar sobre la declaración de Jesús, "YO SOY el Pan de Vida" (Jn 6:35, énfasis añadido). Después de reiterar esa verdad, Jesús siguió, comenzando en el versículo 47. Busca y lee Juan 6:47-69.

Ahora, escucha nuevamente la respuesta de Simón Pedro:

⁶⁸ —Señor —contestó Simón Pedro—, ¿a quién iremos? Tú tienes palabras de vida eterna. ⁶⁹ Y nosotros hemos creído, y sabemos que tú eres el Santo de Dios. (Jn 6:68-69)

Inspirada por las palabras de Pedro en respuesta a las enseñanzas difíciles, escribe tu propia declaración de fe, afirmando tu compromiso de escuchar y seguir a Cristo.

¿Cuál es tu barrera para escuchar con compromiso? [18] ¿Cuál(es) cosas de esta lista te lo impiden?

La desobediencia

El temor

El tiempo

Un cambio

El pecado

Otro _____

Una de mis barreras u obstáculos para escuchar es que siempre tengo algo que decir. Hay advertencias del Nuevo y Antiguo Testamentos sobre ese obstáculo.

Mis queridos hermanos, tengan presente esto: Todos deben estar listos para escuchar, pero no apresurarse para hablar ni para enojarse. (Stg 1:19)

---

18 Puede ser la espina que luego deseas remover en los Elementos Comunes.

¹ Cuando vayas a la casa de Dios, cuida tus pasos y acércate a escuchar en vez de ofrecer sacrificio de necios, que ni conciencia tienen de que hacen mal.
² No te apresures,
ni con la boca ni con el corazón,
a hacer promesas delante de Dios;
él está en el cielo
y tú estás en la tierra.
Mide, pues, tus palabras. (Ec 5:1-2)

La respuesta de una seguidora comprometida con Cristo es que está comprometida a escuchar, como un soldado en atención silenciosa. Es una decisión de perseverancia y un acto de sumisión obediente. Ahí encontramos verdad, gracia, arrepentimiento y relación. Es de lo que se trata la vida de un discípulo verdadero.

No podemos depender de nuestra propia fuerza ni voluntad. Al contrario, dependemos del poder del Espíritu Santo en nosotros para permanecer comprometidas a escuchar y a mantener los oídos abiertos.

¿Qué pasa cuando las ovejas no escuchan al pastor, los estudiantes no escuchan a su maestro, los empleados no escuchan al jefe o los esposos no se escuchan?

En cambio, ¿qué pasa cuando estamos dedicadas a escuchar?

Se notan las razones similares sobre POR QUÉ escuchamos a otros y también a Dios, sea en forma de YHVH, nuestro Padre, Jesús, el Hijo, el Buen Pastor, el Espíritu Santo o nuestro Creador. ¿Qué otros beneficios o bendiciones vienen al buscar la voz de Dios?

Gracias por renovar tu compromiso a escuchar y por recordar POR QUÉ escuchamos. Somos olvidadizos y necesitamos ánimo, especialmente cuando lo que escuchamos no es grato, pero sí es para nuestro bien. Es parte de la dinámica cuando estamos en relación.

Puedes hacer apuntes, escribir a mano uno de los versículos bíblicos o expresar artísticamente lo que puede servir a futuro como recordatorio gráfico de por qué las seguidoras comprometidas escuchan.

Semana 2, Día 4
Dedicada a escuchar

Tengo un plato especial en mi casa. Se usa para celebrar a alguien o para los panqueques cumpleañeros en forma del número de la edad que uno está cumpliendo. Ese plato está dedicado para uso exclusivo en esas ocasiones especiales.

Dios también tenía muchos artículos especiales, dedicados para uso en el Tabernáculo y luego en el Templo.

La Real Académica española define el verbo "dedicar" de las siguientes maneras: [19]

1. tr. Destinar algo a un fin determinado. La revista dedica el último número al estudio de la obra de Cervantes.
Sin.: destinar, emplear, consagrar, dirigir, designar.

2. tr. Ofrecer a alguien algo, especialmente una obra literaria o artística, como obsequio o muestra de agradecimiento. Ha dedicado la novela a sus padres.
Sin.: consagrar.

3. tr. Consagrar algo al culto religioso o destinarlo a rendir homenaje a alguien o algo. Dedicaron la iglesia a san Antonio. Monumento dedicado a los caídos.
Sin.: ofrecer, brindar, ofrendar.

4. prnl. Tener alguien una determinada actividad como ocupación o profesión. Me dedico A la venta de coches.
Sin.: trabajar, ejercer, ocuparse.

Hemos sido dedicadas por Dios para Dios. Nos hace santas, apartadas para un propósito, como el pacto Nazareo en Números 6. Gracias a Dios, ya no estamos bajo la misma restricción de nunca cortarnos el cabello, como Sansón, pero **sí hay maneras en las que debemos considerarnos igualmente consagradas.**

Se refiere a nuestro cuerpo como un templo santo (1Co 6:19) y en su primera epístola, Pedro declara, *"Pero ustedes son descendencia escogida, sacerdocio regio, nación santa, pueblo que pertenece a Dios, para que proclamen las obras maravillosas de aquel que los llamó de las tinieblas a su luz admirable"* (1P 2:9). Somos dedicadas por Dios para proclamar Sus obras maravillosas. Amén.

---

[19] https://dle.rae.es/dedicar

Pablo recuerda a su hijo en la fe, Timoteo, que hay artículos dedicados para usos diferentes, unos para uso común y otros para uso noble (2Ti 2:20-21), que nos devuelve a otros utensilios dedicados para el uso de Dios.

En Números 7, se dedicó el Tabernáculo como la morada temporal de Dios mientras que la nación de Israel viajaba. De Números 7:1, ¿qué aprendemos que fue ungido y consagrado?

El Rey David apartó varias cosas para el Templo aún antes de que fuera construido por su hijo, Salomón (2Sa 8:11-12; 1Cr 26:26-28). Luego, en 1 Reyes 8, después de la construcción del Templo, el Rey Salomón convocó una celebración para dedicar el Templo y todos sus artículos.

Años después, en medio de su cautividad babilónica, aprendemos lo que pasó con algunos artículos dedicados. Lee esta narrativa en Daniel 5.

¿Cómo se describe a Dios en Daniel 5?

¿Qué aprendemos sobre el carácter de Belsasar en Daniel 5?

Al vivir bajo el Nuevo Pacto, Dios no nos mata de inmediato como hizo con el Rey Belsasar. En cambio, espera que nos arrepintamos y nos ofrece el perdón. **En Cristo, el enfoque se ha cambiado de objetos dedicados a corazones dedicados** (Mt 6:21; Ro 2:28-29). Somos oidoras santas y comprometidas, apartadas por Dios para Su propósito.

Anota al menos tres maneras en las que podemos honrar nuestra dedicación a Dios.

Más específicamente, anota al menos dos maneras de honrar nuestro compromiso dedicado al escuchar.

Hay dos opciones para la actividad de hoy:

1. Con el espacio que queda, escribe o ilustra lo que has oído sobre lo que significa ser dedicada a Dios.
2. Contesta estas preguntas: ¿Qué hace que la dedicación sea motivación válida para ser comprometidas a escuchar? Y dado que es el énfasis de esta semana, ¿por qué?

Semana 2, Día 5
Es una prioridad

Más bien, busquen primeramente el reino de Dios y su justicia, entonces todas estas cosas les serán añadidas. (Mt 6:33)

Busca un espacio dedicado y lugar silencioso donde puedes priorizar el tiempo de hoy para escuchar sin distracciones y con intencionalidad. Pon el celular en "no molestar" por al menos 15 minutos y déjalo fuera del lugar tranquilo. ¿Por qué? **Porque el escuchar es una prioridad.**

Frecuentemente, Jesús se retiraba de la gente, aún de Sus tres apóstoles más cercanos. Priorizaba tiempo a solas con Su Padre. Necesitaba escuchar la voz de Dios y compartir lo que estaba en Su propio corazón.

Para algunas, como las madres de hijos pequeños, estar a solas completamente como Jesús lo buscaba no es tan factible como tampoco para ti ahorita. Aun así, puedes comenzar la lectura de hoy tomando tres suspiros profundos del "YH" "VH", inhalando y exhalando el YO SOY quien está contigo en este momento.

Abre tu Biblia al Salmo 42. Este salmo será nuestra oración y canción por el resto del ejercicio de escuchar para hoy. Vamos a practicar la disciplina espiritual de Lectio Divina, al escuchar el rugir de Sus cascadas y al cantar, "Como el ciervo con sed busca al río… mi corazón te desea y anhela." [20]

Lectio Divina

Lectio Divina significa "lectura divina" del latín. Se puede ejercitar con cualquier versículo o capítulo de la Biblia. Es mejor que no sean más de 4 a 8 versículos, pero hoy vamos a estirarnos un poco más para la actividad.

1. Lee Salmo 42.
2. Vuelve a leer Salmo 42, haciendo pausa después de cada frase.
3. Medita en cualquier parte del Salmo 42 que te llama más la atención.
4. Pasa un tiempo en oración.
5. Para concluir, contempla lo que el Espíritu Santo te ha revelado del Salmo 42 para poner en práctica en tu vida.

---

[20] "Como el ciervo brama por las aguas… así clamo por Ti, Señor" es otra versión del mismo canto. Hay varias canciones inspiradas por este salmo.

Puedes anotar o dibujar tus reflexiones y aplicaciones.

Semana 2, Día 6
El compromiso implica sacrificio

Hay una expresión famosa, "Mientras más sabes, más sabrás que no sabes." Cuando surge, añado: "Mientras más sé, menos quisiera saber" porque siento la responsabilidad de hacer algo al respecto.

En base a lo que escuchamos, se requiere una acción o termina afectada una relación. Lo que sabemos o escuchamos nos debería inspirar a responder o reaccionar.

Como mi amigo y predicador Kent Jobe dijo, "Mientras más crecemos en nuestro conocimiento de [Dios], más nos comprometemos." Otro amigo, Sam Shewmaker, misionero y quien equipa a trabajadores globales del Reino dijo, "Ser cristiano significa que doy tanto lo que pueda de mí como tanto lo que conozco de Jesucristo."

Cuando los discípulos escucharon el llamado de Jesús, respondieron inmediatamente, dejando sus redes para seguirlo (Pedro, Andrés, Jacobo y Juan en Mt 4:20). dejaron su sustento, igual como Mateo, completamente dedicando su tiempo y atención al Mesías (Lc 5:27-28).

Mientras más conocían a Cristo, más lo querían conocer, reestableciéndolo como el de mayor importancia.

¿Qué implica la respuesta de los discípulos a Jesús? De modo parecido, ¿qué se deduce de las frases de mis dos amigos?

Cuando Salomón dedicó el Templo, también pronunció una bendición al pueblo (1R 8:56-61). Terminó con estas palabras: *"Y ahora, dedíquense de todo corazón al Señor nuestro Dios; vivan según sus estatutos y cumplan sus mandamientos, como ya lo hacen".*

¿Qué pasa cuando un corazón está dedicado plenamente al Señor nuestro Dios?

Dios pidió que Abraham hiciera el máximo sacrificio, su hijo, el mismo que Dios había prometido ser el padre de muchas naciones. Lee Génesis 22:1-19.

¿Cómo responde Abraham a final de los versículos 1 y 11?

¿Qué hace Abraham con lo que oyó, después de responder al llamado?

Es posible que el Espíritu te esté llamando a renunciar a algo, a sacrificar un deseo, un plan, un ídolo o un sueño como demostración de tu compromiso sacrificial a Él (Ro 12:1-8). **Dios nos invita a sacrificar cosas que nos impiden escucharlo plenamente.** Sé lo fácil que me es descuidadamente volver a la trampa de dedicar mi tiempo o mi energía a cosas que me distraen o desalientan a escuchar claramente Su voz. Sean impedimentos o pecados (espinas), nos asedian y debemos eliminarlos (Heb 12:1).

Meditemos en el sacrificio necesario para estar totalmente comprometidas a escuchar. ¿Por qué el sacrificio es importante?

Semana 2, Día 7
No se trata de mí

Recuerda un momento en el que estuviste completamente incómoda. Tiemblo con varios que me vienen a la mente. ¿Cómo te sentiste física, emocional y mentalmente? ¿Cómo te afectó espiritualmente esa incomodidad?

Ya que estás retorciéndote, lista para salir de la incomodidad tan pronto sea posible, te pido que te quedes ahí unos minutos más.

Busca Filipenses 2 y lee los versículos 5-8.

Imagínate lo incómodo que se hubiera sentido Jesús en piel humana, llorando y con frío, acostado en un pesebre. Luego, a lo largo de Su vida en la tierra, Dios hecho carne...

Da al menos cinco imágenes o palabras ilustrativas para escribir cuán incómodo Jesús se hubiera sentido. [21]

Había algo más importante que Su incomodidad. El Hijo fue apartado para el propósito del Padre (Jn 6:38). **No se trataba de sí mismo.** ¿De qué se trataba?

Hemos sido apartadas para los propósitos del Padre, no los nuestros. No se trata de nosotras mismas. ¿De quién se trata?

---

21 ¡Está bien usar tu imaginación! No es una pregunta de examen para que contestes correctamente. Estamos poniéndonos allí en las Escrituras, imaginando a Jesús mientras anduvo en la tierra y cómo quizás experimentó la vida como ser humano.

Si el sacrificio no tiene valor, no vale la pena hacer el sacrificio. ¿Por qué se trata de Él?

Cuando nos ponemos al lado, es entonces que podemos escuchar verdaderamente a Dios y a otros.

³ No hagan nada por egoísmo o vanidad; más bien, con humildad consideren a los demás como superiores a ustedes mismos. ⁴ Cada uno debe velar no solo por sus propios intereses, sino también por los intereses de los demás. (Fil 2:3-4)

¿Cómo nos inspiran las reflexiones sobre el ejemplo de Jesús del autosacrificio sobre la dedicación que le daba al escuchar? ¡Eso inspira nuestro POR QUÉ!

Reflexiones semanales y los Elementos Comunes

Semana 2: **POR QUÉ**

Cuando nos reunimos como grupo pequeño, nos animamos y nos inspiramos en nuestro compromiso de escuchar. [22]

¡Gracias por hacerlo una prioridad! Has dedicado un tiempo cada día para escuchar a Dios y ahora vamos a dedicar un tiempo para escucharnos. Por favor, reúnete preparada para compartir las maneras en las que has escuchado, qué has oído y cómo podemos apoyarnos en la dedicación a escuchar, especialmente a través de la oración.

También, por favor, asiste preparada para escuchar a las otras mujeres en tu grupo. Dios nos diseñó para estar en relaciones y una parte vital de las relaciones es escuchar y afirmar lo que hemos oído. Ponemos al lado nuestras propias necesidades, enfocándonos en lo que la otra está diciendo.

Lo que sigue son nuestras dos preguntas por contestar esta semana.

1. ¿Qué has oído esta semana en respuesta a la pregunta del POR QUÉ escuchamos?

---

[22] Nota: Apéndice A provee ciertas guías sobre el estar "Comprometidas a escucharnos".

2. ¿Cuál día de la actividad para escuchar te llamó más la atención? ¿Por qué esa? [23]

Ahora vamos a compartir en los Elementos Comunes. **Los Elementos Comunes nos ayudan a enfocarnos en puntos específicos que cada una ha oído y nos guían a ponerlos en práctica, todo en el contexto de la comunidad.** También nos sirven como una forma de diario espiritual. No se te olvide poner la fecha cada vez.

Recuerda: La respuesta de cada mujer va a ser distinta porque escuchamos cosas únicas y cada una enfrenta batallas espirituales diferentes en cualquier momento dado. Podemos animarnos a crecer y florecer en esas áreas, eliminar espinas que impiden el crecimiento y llamarnos la atención con amor como hierro afilando a hierro (Pr 27:17).

Elementos Comunes

Fecha _____

Tus Elementos Comunes esta semana pueden venir del último ejercicio, "No se trata de mí", una actividad anterior u otra área en la que has estado escuchando a Dios:

 Un área en la que quieres crecer o florecer:

 Una espina que deseas eliminar:

---

23 Otra manera de compartir lo que han escuchado en respuesta a la pregunta (POR QUÉ en este caso), es emparejar las actividades de dos días y preguntar lo que escucharon por ellas.

 Un área en la que quieres profundizar o necesitas a alguien como afiladora en tu vida. (¿Cómo podemos nosotras, como grupo, ayudarte a seguir escuchando y cumpliendo con lo que has oído?)

Un mensaje de esperanza, una palabra animadora o un versículo bíblico de tu tiempo de escuchar:

Cierren con un tiempo de oración.

Semana 3: CUÁNDO

Semana 3, Día 1
Con tiempo

Me tomé muchos años aprenderme y recordar la fecha de cumpleaños de mi amiga, especialmente después de llamarla el día equivocado varias veces. Después de haberlo aprendido mal, tenía que desaprenderlo para recordarlo bien finalmente. Si le preguntaras, ella afirmaría que todavía la felicito más en el día equivocado que en el correcto.

Toma tiempo desarrollar una amistad, una relación profunda con muchos cumpleaños, experiencias compartidas y conversaciones largas. Cuando estoy impaciente, quiero avanzar rápido por el tiempo que requiere invertir en ese tipo de relación, escuchar los corazones y no sólo nuestras palabras.

Gracias a Dios, Él no se impacienta con el tiempo que se requiere para desarrollar esa profundidad de relación con nosotras.

Pero no olviden, queridos hermanos, que para el Señor un día es como mil años y mil años, como un día. (2P 3:8)

Dios nos conoce íntimamente y anhela que lleguemos a conocerlo al escuchar Su voz.

Hoy te animo a tomar 12 minutos de silencio con Dios. Es posible que requiera resistencia y dedicación o quizás pasen fácilmente. Idealmente, tendrías ese tiempo a solas sin ningún ruido ni distracción. Pero un primer paso y lo que quizás sea más realista para algunas, puede ser apagar la música, un podcast o la televisión.

Si estás dispuesta, te invito a comenzar con los ojos cerrados, visualmente eliminando distracciones. Toma unos minutos, con los ojos cerrados, para imaginarte poniéndolas al lado. Luego, lee este versículo de promesa como una invitación a meditar en silencio... escuchando a Dios... con tiempo.

Jesucristo es el mismo ayer, hoy y por siempre. (Heb 13:8)

Como parte de esos 12 minutos quieta y en silencio, contemplando Hebreos 13:8, puedes escribir ese versículo a mano. Puedes dibujar las palabras o escribir un poema, canción o apuntes durante el silencio.

Toma el tiempo. Dios lo merece. Tú lo vales. ¡Su relación vale ese tiempo dedicado! Por cierto, ¿alguna vez terminamos de escuchar?

Semana 3, Día 2
Cuando estamos gozosas o en llanto

Alégrense con los que están alegres; lloren con los que lloran. (Ro 12:15)

¿Sabías que el pasaje en Romanos 12:15 aplica no sólo a nuestras relaciones entre sí, sino también a nuestra relación con Dios?

¡Alégrense!

Cuando me emociono, chillo, aplaudo y hago mucho ruido. Mi mamá baila delante del microondas como si fuera un espejo. En contraste al Rey David quien quitó su manto al regocijarse por el regreso del arca del pacto en 2 Samuel 6:12-22, mi madre se mantiene vestida.

¿Cómo te regocijas?

La Biblia provee evidencia de muchas maneras diversas en las que podemos regocijarnos e historias amplias de cómo el pueblo de Dios se regocijaba. Escribe al menos un ejemplo bíblico de regocijo que recuerdes.

¡Lloren!

Job es uno de los primeros personajes bíblicos que viene a la mente cuando pensamos en el luto. Enfrentó tremendas pérdidas admirablemente. No maldijo a Dios mientras cuestionaba y dudaba.

20 Al llegar a este punto, Job se levantó, se rasgó las vestiduras, se rasuró la cabeza y se dejó caer al suelo en actitud de adoración. 21 Entonces dijo:

> *«Desnudo salí del vientre de mi madre*
> *y desnudo he de partir.*
> *El Señor ha dado; el Señor ha quitado.*
> *¡Bendito sea el nombre del Señor!».*
> 22 *A pesar de todo esto, Job no pecó ni le echó la culpa a Dios.* (Job 1:20-22)

Vestirse de luto y cubrirse de ceniza, afeitarse completamente la cabeza y rasgar las vestiduras, eran prácticas comunes de los israelitas cuando estaban de luto individual o de la comunidad.

> *Vístete de luto, pueblo mío;*
> *revuélcate en las cenizas.*
> *Llora amargamente,*
> *como lo harías por un hijo único,*
> *porque nos cae por sorpresa*
> *el que viene a destruirnos.* (Jer 6:26)

Vestirse de luto y cubrirse de ceniza también era un símbolo de humildad y arrepentimiento (pasar luto por el pecado).

Los Salmos están repletos de expresiones de gozo y lamento, alabanza y tristeza, liberación y opresión.

¿Cuál es más fácil para ti, alegrarte o llorar? Explica. ¿Hay contextos en los que uno es más fácil que el otro?

¿Cuál es más fácil de hacer con otra persona, alegrarte o llorar? ¿Cuál ha sido la mejor manera de hacerlo con otra persona? ¿Por qué es una práctica más difícil de hacer con otros?

¿Cuál se te hace más fácil llevar a Dios, gozo o llanto? ¿Por qué ése más que el otro?

Toma un tiempo para llevar a Dios tu gozo con risa o tu tristeza con lágrimas. Te invito especialmente a pasar un tiempo escuchándolo sobre cualquiera de los dos que se te dificulta más llevarle. Puedes escribirle una carta como una oración o dibujar tu expresión de deleite o dolor. **Dios está escuchando. Y Él siempre es un lugar seguro... en todo momento sin importar lo que enfrentas.**

Semana 3, Día 3
En noches de paz

Después de doce años de guerra napoleónica, Austria enfrentó lo que historiadores luego llamarían, "Un año sin verano". Después de temperaturas tan bajas que rompieron récords, el siguiente año trajo ceniza volcánica a la atmósfera y tormentas continuas, destruyendo la cosecha local. Durante ese tiempo de hambruna, pobreza y trauma generalizadas, Joseph Mohr escribió la letra alemana de la canción conocida como, "Noche de paz". Su amigo y compañero feligrés, Franz Xaver Gruber, escribió la música y la cantaron juntos por primera vez en Nochebuena, el 24 de diciembre de 1818.

La lírica llena de esperanza y el tono sencillo denotan tranquilidad en medio de un tiempo preocupante, no único de los 1800s. Casi un siglo después, el 24 de diciembre de 1914, "Noche de paz" ganó fama como la canción improvisada que proveyó una tregua momentánea durante la Primera Guerra Mundial. En la frontera occidental de Europa, la leyenda dice que la fuerte voz operática de un soldado alemán, un tenor con la Ópera de Berlín, cortó el aire frío al cantar, primero en alemán y luego en inglés. Los británicos y otros soldados conocían la canción y cantaron un eco después de que el cantante había terminado. Soldados escribieron a casa el siguiente día después de maravillarse del alto al fuego de la noche anterior para compartir en una canción y su mensaje. [24]

En el 2011, se le concedió a "Noche de paz" el estatus de patrimonio cultural por la UNESCO. Ha sido traducida a cientos de idiomas alrededor del mundo. [25] La primera traducción al español fue registrada por Federico Fliedner en el año 1871.

Lee, canta o busca una grabación para escuchar la letra de este villancico clásico. [26]

1. Noche de paz, noche de amor,
Todo duerme en derredor,
Entre sus astros que esparcen su luz,
Bella anunciando al niñito Jesús,
Brilla la estrella de paz,
Brilla la estrella de paz.

2. Noche de paz, noche de amor,
Oye humilde el fiel pastor,

---
24 Múltiples fuentes por internet, detalles en la Bibliografía.
25 http://www.silentnight.web.za/translate/ (Accedido 21 Dec 2023)
26 Cantos del Camino. No. 105

Coros celestes que anuncian salud,
Gracias y glorias en gran plenitud,
Por nuestro buen Redentor,
Por nuestro buen Redentor.

3. Noche de paz, noche de amor,
Ved que bello resplandor
Luce en el rostro del niño Jesús,
En el pesebre, del mundo la luz
Astro de eterno fulgor,
Astro de eterno fulgor.

Durante un tiempo turbulento de una nación o una familia, es apropiado tomar la letra en serio y recordar: **¿Cuándo está escuchando Dios y llevándonos esperanza? En noches de paz.**

Semana 3, Día 4
Cuando guardamos silencio

"Shhhh... estoy escuchando..." Todos hemos oído esas palabras. ¿Qué tiene que ver el silencio con el escuchar?

¡Las advertencias extensivas de Santiago sobre la lengua en el tercer capítulo de su carta afirman la dificultad del silencio y de guardar nuestras lenguas! **Para mí, es más fácil asumir que mis pensamientos son correctos y hablar que, guardar silencio y seguir escuchando.**

Zacarías pasó por meses de silencio forzado después de no creer que él y su esposa Elisabet iban a tener a un hijo en su vejez (Lc 1:20). Quedó mudo durante todo el embarazo, hasta que nació Juan el Bautista y afirmó su nombre. También, unos maestros de la ley quedaron callados cuando no pudieron atrapar a Jesús en Sus palabras (Lc 20:26).

Inicialmente, ni Zacarías ni los maestros de la ley estaban listos para escuchar a Quien hablaba la verdad.

¿Qué piensas que aprendieron durante su tiempo de silencio? ¿Cómo les afectaría su actitud o postura hacia Dios en lo que escucharon durante ese tiempo?

El silencio puede ser desconcertante; nos puede hacer sentir desvalidas, ansiosas o nerviosas. Y a la inversa, el silencio también puede ser lo que calma los sentimientos y los temores. De todos modos, Dios ofrece una invitación en el Salmo 46.

Quédate quieta... Guarda silencio... *"¡Ríndanse! ¡Reconozcan que yo soy Dios!"* (Sal 46:10 DHH) Toma un suspiro profundo y vuelve a leer ese versículo. Escríbelo abajo.

¿Cómo es que la quietud y el silencio proveen un ambiente para saber que Dios es Dios?

¿Qué has oído o aprendido sobre Dios durante un tiempo quieto/silencioso del pasado?

El buen escuchar es intencional. Da propósito al silencio. Pero lo que oímos no siempre está diseñado a ser compartido... a veces está sellado. Escucha a lo que Juan escribió, y lo que no, en Apocalipsis 10:1-4.

¹ *Después vi a otro ángel poderoso que bajaba del cielo envuelto en una nube. Un arcoíris rodeaba su cabeza; su rostro era como el sol y sus piernas parecían columnas de fuego.* ² *Llevaba en la mano un pequeño rollo escrito que estaba abierto. Puso el pie derecho sobre el mar y el izquierdo sobre la tierra* ³ *y dio un grito tan fuerte que parecía el rugido de un león. Entonces los siete truenos levantaron también sus voces.* ⁴ *Una vez que hablaron los siete truenos, estaba yo por escribir, pero oí una voz del cielo que me decía: «Guarda en secreto lo que han dicho los siete truenos y no lo escribas».*

¿Qué figura pinta Juan con sus palabras? Anota lo que vio... lo que oyó... cómo quizás olía... o qué sentía...

Luego en el capítulo, nos da una pista de cómo sabía (Ap 10:9; ref. Ez 3:3). ¿Qué sabor tenía?

¿Qué aprendemos sobre Dios de la descripción del ángel poderoso en Apocalipsis 10? Usando terminología o imágenes similares, ¿quién es Dios en comparación a ese ángel?

Richard Foster hace referencia frecuentemente al "trueno del silencio de Dios" a lo largo de sus invitaciones a varias disciplinas espirituales. [27] Muchos eruditas creen que los siete truenos en Apocalipsis 10 podrían ser la voz de Dios. ¿Cuál es tu reacción a esa interpretación? ¿Cómo te sentirías si escucharas "las voces de los siete truenos"?

Dios no siempre habla en estruendo de truenos. A veces habla con una pequeña voz susurrada (1R 19:12). Elías tenía primero que callar su mente y guardar silencio atentamente para oír el susurro suave del Señor (1R 19:1-11).

Sean estruendos tremendos o una pequeña voz susurrada, cuando nos invita a escuchar, ¡refrenemos nuestras lenguas, estemos quietas, guardemos silencio y sepamos que Él es Dios!

---

[27] Referencia en *Celebración de la disciplina* por Richard Foster.

Semana 3, Día 5
Cuando me siento impaciente, estresada o imperfecta

El estrés y la impaciencia conmigo misma o con otros me impiden escuchar claramente. Pierdo de vista la verdad. Mis oídos están tapados. Mi percepción está distorsionada. Mis imperfecciones me dan suficiente oportunidad de enfocarme más en el desastre que en Quien da la solución. Dudo que tengas que pensar mucho ni usar la imaginación para transportarte a un momento cuando te sentías así.

En uno de aquellos momentos más desafiantes durante mis años de la universidad, el libro de Santiago me sustentó. Mientras vivía en Venezuela, quebrantada por una herida no intencional que había causado a otra persona, el libro de Génesis me enseñó tremendas lecciones sobre la gracia que necesitaba desesperadamente. Las historias de la Biblia, libros enteros de la Biblia o versículos clave me han rescatado de otros tiempos de intensa opresión espiritual.

Recuerda al menos dos ejemplos de verdades bíblicas que te han sobrellevado por un tiempo difícil. Aún si no te acuerdas del libro, capítulo y versículo, anota la Palabra guardada en tu corazón (Sal 119:11).

Dios es fiel. No nos abandona cuando nos sentimos impacientes, estresadas o imperfectas.

> [11] *Este mensaje es digno de crédito:*
> *Si morimos con él,*
> *también viviremos con él;*
> [12] *si resistimos,*
> *también reinaremos con él.*
> *Si lo negamos,*
> *también él nos negará;*
> [13] *si somos infieles,*
> *él sigue siendo fiel,*
> *ya que no puede negarse a sí mismo.* (2Ti 2:11-13)

La fidelidad de Dios permanece por todas las generaciones (Sal 100:5).

Haz una lista de al menos tres momentos en los que un personaje bíblico se sentía impaciente, estresado o imperfecto.[28] Luego, escoge uno de esos momentos para contestar las siguientes preguntas.

¿Cuál es la persona y cuál es la referencia bíblica para encontrar esa historia?

¿Cuándo sucedió? ¿Cuáles fueron las circunstancias alrededor de ese momento?

Describe cómo fue impaciente, estresado o imperfecto.

¿Qué dijo o hizo Dios, Jesús o uno de los profetas (portavoz de Dios) en ese tiempo?

A lo largo del Antiguo Testamento, Dios anhela continuamente que los israelitas vuelvan a Él. Tristemente, Jesús observó a muchos rechazarlo, aunque otros sí aceptaron Sus palabras de vida (Jn 6:66).

---

28 Puedes escoger tres personajes distintos o diferentes instancias en la vida de la misma persona.

Hoy también, Dios ofrece gratuitamente invitaciones a escuchar, a recordar y a arrepentirnos: el matrimonio que se salva después del adulterio, el hijo pródigo que vuelve a su familia y a nuestro Padre o la adicta que rompe relaciones con las amigas de influencia negativa.

Cuando el Espíritu Santo inspiró a Pedro en el Día de Pentecostés, la gente fue compungida de corazón al darse cuenta de lo que había hecho. Lee Hechos 2:36-41.

Dios, a través de Pedro, proveyó a las personas una alternativa a ser conocidas sólo por sus errores. Todos somos imperfectos, pero para quienes estamos en Cristo, nos ofrece una nueva identidad (Ro 6:4; Gá 2:20). Es posible que los recordatorios de Pablo de esa verdad vinieran de su propia necesidad de oír de la suficiente gracia de Dios por nuestras imperfecciones y frustraciones (2Co 12:7-10).

Vuelve a leer 2 Timoteo 2:11-13 y cierra el ejercicio de escuchar hoy con lo que has oído sobre la identidad de Dios. Reflexiona sobre cómo ella impacta tu pensar y tu escuchar cuando te sientes impaciente, estresada o imperfecta.

Semana 3, Día 6
Temprano por la mañana o toda la noche

"¿Eres un búho o un gallo?" es la manera hábil de mi papá para preguntar si trabajas mejor de noche o te levantas temprano. El esposo de mi amiga dice que él es más una persona del mediodía. Durante diferentes etapas de nuestras vidas, nuestra respuesta puede cambiar.

Maravillosamente, no importa cuál sea nuestra respuesta, Dios está ahí, listo para hablar y presto para escuchar.

Isaac oró en **la tarde** (Gn 24:63, LBLA). David presentó sus peticiones al Señor por **la mañana**, confiado de que Dios lo estaba escuchando (Sal 5:3). En otro salmo, habló de clamar angustiado en **la noche, la mañana y al mediodía** (Sal 55:17). Daniel oraba **tres veces al día**, lo cual fue la única manera que los administradores reales pudieran encontrar razón para acusar o atraparlo (Dn 6:10).

Jesús no tenía un horario específico para Sus oraciones, pero siempre eran una prioridad. ¿Cuándo oró en estas tres ocasiones?

1. Marcos 1:35

2. Lucas 6:12

3. Mateo 26:36-46

¿Qué ideas recogemos de estas tres veces cuando Jesús oró, priorizando la comunicación con el Padre?

¿Qué tipo de cosas crees que Jesús escuchaba de Su Padre?

¿Qué estás escuchando del Padre hoy? ¿Una palabra de desafío... de esperanza... un llamado a compromiso?

Pasa el resto del tiempo meditando en 1 Tesalonicenses 5:17, *"Oren sin cesar"*. Considera si fuera posible hacerlo. ¿Cómo cambiaría nuestro día si lo hiciéramos?

Semana 3, Día 7
Durante las vigilias de la noche

En mi lecho me acuerdo de ti; pienso en ti en las vigilias de la noche. (Sal 63:6)

Los judíos, como los romanos y los griegos, dividían la noche en guardias militares, no horas. Los judíos originalmente tenían sólo tres guardias: primera o inicial (Lm 2:19), medianoche (Jue 7:19) y la mañana (Éx 14:24; 1S 11:11). Sin embargo, bajo el imperio romano, se convirtieron en cuatro guardias (Mt 14:25, LBLA). [29]

Mis ojos están abiertos en las vigilias de la noche, para meditar en tus promesas. (Sal 119:148)

Desconocemos las razones precisas por las que David estaba despierto toda la noche o se despertaba frecuentemente, ni en el Salmo 63 ni en el 119. ¿Cuáles son algunas de las razones por las que llevamos toda la noche despiertas o nos despertamos frecuentemente?

El Señor que hizo el cielo y la tierra... Jamás duerme ni se adormece. (Sal 121:2, 4)

Dios nunca duerme ni se adormece, pero Jesús sí durmió en el fondo del barco (Mt 8:23-28). Medita en eso por un rato...

¿Por qué no duerme Dios?

¿Por qué se durmió Jesús y cómo pudo? ¿Cuál es el contexto de la historia en Mateo capítulo 8?

---

[29] https://www.biblestudytools.com/dictionary/watches-of-night/ (Accedido 21 Dec 2023)

El Jesús humano pudo dormir porque sabía que Su Padre Celestial nunca se queda dormido en el trabajo. Dios es soberano eternamente; Él está en control. Casi 300 veces en el Antiguo y Nuevo Testamentos, se hace referencia a Él como el Señor Soberano: Quien reina y que está siempre presente (YHVH, el YO SOY, Señor). ¡Amén!

Lee Salmo 121, escuchando a las habilidades de Dios. Enfócate en cuándo Él promete cumplir las promesas enlistadas allí.

¿Cómo harías un resumen de lo que has escuchado hoy en hashtags? [30]

---

30 Si no sabes lo que es un "hashtag", bien puedes hacer una lista o un dibujo.

Semana 3: **CUÁNDO**

Ya es hora de animarnos e inspirarnos en nuestro compromiso a escuchar, a Dios y a las otras.

¡Gracias por apartar el tiempo para escuchar!

No se te olvide reunirte preparada para escuchar a las otras mujeres en tu grupo y también escuchar cosas nuevas de Dios.

Las dos preguntas por contestar esta semana:

1. ¿Qué has oído esta semana en respuesta a la pregunta de CUÁNDO escuchamos? [31]

2. ¿Cuál día de la actividad para escuchar te llamó más la atención? ¿Por qué esa?

---

[31] Otra buena pregunta para conversación: ¿Cuáles personajes bíblicos y sus momentos mencionaron para esas preguntas del Día 5 (Cuando me siento impaciente, estresada o imperfecta)?

Ahora vamos a compartir en los Elementos Comunes. **Los Elementos Comunes nos ayudan a enfocarnos en puntos específicos que cada una ha oído y nos guían a ponerlos en práctica, todo en el contexto de la comunidad.** También nos sirven como una forma de diario espiritual. No se te olvide poner la fecha cada vez.

Recuerda: La respuesta de cada mujer va a ser distinta porque escuchamos cosas únicas y cada una enfrenta batallas espirituales diferentes en cualquier momento dado. Podemos animarnos a crecer y florecer en esas áreas, eliminar espinas que impiden el crecimiento y llamarnos la atención con amor como hierro afilando a hierro (Pr 27:17).

Elementos Comunes

Fecha _____

Tus Elementos Comunes sobre CUÁNDO pueden enfatizar un aspecto de sentirte impaciente, estresada o imperfecta (Día 5) o permitir que escuches mientras te alegras o lloras (Día 2).

 Un área en la que quieres crecer o florecer:

 Una espina que deseas eliminar:

 Un área en la que quieres profundizar o necesitas a alguien como afiladora en tu vida. (¿Cómo podemos nosotras, como grupo, ayudarte a seguir escuchando y cumpliendo con lo que has oído?)

Un mensaje de esperanza, una palabra animadora o un versículo bíblico de tu tiempo de escuchar:

Tomen el tiempo para cerrar con una oración, dando gracias a Dios por lo que han oído y llevando a Él las peticiones compartidas a través de los Elementos Comunes. **Ahora es cuando nos unimos de una voz en nuestras luchas, a regocijarnos en las victorias y a volver a comprometernos a escuchar en nuestras relaciones con Dios y con las demás.**

Semana 4: DÓNDE

Semana 4, Día 1
El santo Templo

En cambio, el Señor está en su santo templo. ¡Guarde toda la tierra silencio en su presencia! (Hab 2:20)

A los israelitas, al salir de Egipto, se les fueron dadas instrucciones por el profeta Moisés sobre la construcción de un tabernáculo como un hogar para el arco del pacto, donde Dios moraba (Ex 25:22; Lv 16:2). Ese lugar santo, donde Su Espíritu moraba, se convertía en una bendición o una maldición para quienes alojaron el arca del pacto (1S 4-6). Frecuentemente estaba separado de su tabernáculo, cayendo en importancia como no prioritaria para el pueblo escogido de Dios.

Unos siglos después, el Rey David y toda la casa de Israel se regocijaron sobre el regreso del arca del pacto a la ciudad de David (2S 6). David preparó una carpa, pero poco tiempo después, dijo al profeta Natán que anhelaba construir un templo, una estructura más permanente, en el que el Nombre del Señor pudiera morar. El profeta Natán compartió la respuesta y promesa del Señor con David en 2 Samuel 7. *"Será [Salomón] quien construya una casa en honor de mi Nombre y yo afirmaré el trono de su reino para siempre"* (2S 7:13).

Después de que David escuchó la palabra del Señor por el profeta Natán, escuchamos la humildad de David. Aunque escuchó algo distinto a lo que quería escuchar (luz verde para construir el templo de Dios), poco después, ¿cómo respondió a la revelación que Natán compartió (2S 7:27-29)?

"...Bendecir a la familia de tu siervo..." (2S 7:29). En David, escucho eco de la invitación de Josué a cada familia de Israel: *"Elijan ustedes mismos a quiénes van a servir... Por mi parte, mi familia y yo serviremos al Señor"* (Jos 24:15).

Inicialmente, Salomón siguió los pasos de su padre dedicados al Señor. Luego, desafortunadamente, escuchó más a sus esposas que a su Señor. Gracias a Dios, mientras caminaba con Él, Salomón escuchó Sus instrucciones sobre cómo construir el templo (1R 6:1). Una vez construida, como parte de la oración de Salomón en dedicación del templo, celebró el lugar de la morada del Señor.

Lee 1 Reyes 8:27-30.

Después de que Salomón construyó el templo en Jerusalén, los israelitas pudieron establecer la práctica de viajar a Jerusalén cada año para que los sacerdotes pudieran hacer sacrificios y expiar sus pecados en el templo.

Ya que estamos bajo el nuevo pacto, no estamos limitados por las restricciones de un tabernáculo o templo terrenal. Al contrario, Cristo, el Sumo Sacerdote, nos ha facilitado el acceso por Su sangre, el perdón de los pecados y la salvación (Heb 9:1-10).

Vamos a tomarlo paso a paso. Cuando llamamos al nombre del Señor y confesamos el nombre de Dios, le invitamos a morar en nosotros (Jl 2:32; Ro 10:8-13). Y cuando nos arrepentimos y somos bautizados, el Espíritu Santo mora en nosotros (Hch 2:38). Por lo tanto, ya no seguimos la misma práctica de los sacrificios de animales en el templo. Al contrario, ofrecemos nuestros cuerpos como sacrificio vivo (Ro 12:1).

¿Con cuál parte del párrafo anterior necesitas pausar y reflexionar, leyendo lo(s) versículo(s) anotados?

Para cerrar este ejercicio de escuchar, tomaremos inspiración de los israelitas mientras viajaban al templo en Jerusalén para hacer sus sacrificios. **Los Salmos 120-134 son los salmos de ascenso que cantaban anualmente mientras viajaban.** El mismo espíritu de esas canciones aplica hoy al servir nosotras mismas como templo del Espíritu Santo (1Co 6:19).

Lee Salmo 130. Puedes dibujar, anotar tus apuntes o hacer eco con tu propia canción o salmo.

Semana 4, Día 2
Morando en Su Presencia

4 Una sola cosa pido al Señor
y es lo único que persigo:
habitar en la casa del Señor
todos los días de mi vida,
para contemplar la hermosura del Señor
y buscar orientación en su Templo.
5 Porque en el día de la aflicción
él me resguardará en su morada;
al amparo de su santuario me protegerá
y me pondrá en alto sobre una roca. (Sal 27:4-5)

En el Salmo 27, David expresa uno de sus anhelos más profundos. Reconocía la importancia de morar con Dios en un lugar que ha sido establecido como santuario (Su tabernáculo o templo sagrado), buscándolo en una habitación en los cielos (el templo) dado que el terrenal no se había construido todavía.

Según los siguientes pasajes del Nuevo Testamento, ¿a dónde fue Jesús para pasar tiempo con Su Padre?

Mateo 14:13

Marcos 6:31

Lucas 5:16

Describe lo que Jesús hacía cuando se retiraba a aquellos lugares.

¿Por qué crees que el estar a solas y el silencio fueron buscados por Jesús?

Una de las canciones de adoración que crecí cantando en la iglesia con su versión a capela fue "Yo deseo estar donde Tú estás" por Don Moen. Su lenguaje íntimo daba voz a mi propio anhelo de morar en la Presencia de mi Creador y Señor, diariamente y por la eternidad.

> Yo deseo estar donde Tú estás
> A diario en Tu presencia
> No deseo de lejos adorar
> Quiero estar cerca de Ti.
>
> Yo quiero estar contigo
> Viviendo en Tu presencia
> Comiendo de Tu mesa
> Rodeado de tu gloria
> En Tu presencia
> Es donde siempre quiero estar
> Solo quiero estar
> Quiero estar cerca de Ti. [32]

Escoge al menos una de estas opciones para el resto de esta actividad para escuchar:

- Escribe tu propia canción o poema, inspirada por el hambre y sed de David y Jesús por la Presencia de Dios.
- Ilustra "morar en Su presencia" o "festejar en Su mesa".
- Lee en voz alta para escucharlo en tu propia voz o escribir en tu propia mano la canción presentada aquí. Haz que sea tu propia oración hoy.

---

32 Don Moen, "Yo deseo estar donde Tú estás." *En Tu Presencia*. 1999. Integrity Music. Letra en español por: https://genius.com/Don-moen-yo-deseo-estar-donde-tu-estas-lyrics

Semana 4, Día 3
La Roca más alta que yo

Usando vocabulario de la Biblia de las referencias enlistadas, exploraremos cómo Dios está retratado por el Rey David. **Escribe o dibuja tus respuestas dentro del dibujo de la roca abajo.**

2 Samuel 22:1-4 / Salmo 18:1-3 (el mismo canto de alabanza)

Salmo 62:1-2, 5-8, 11-12

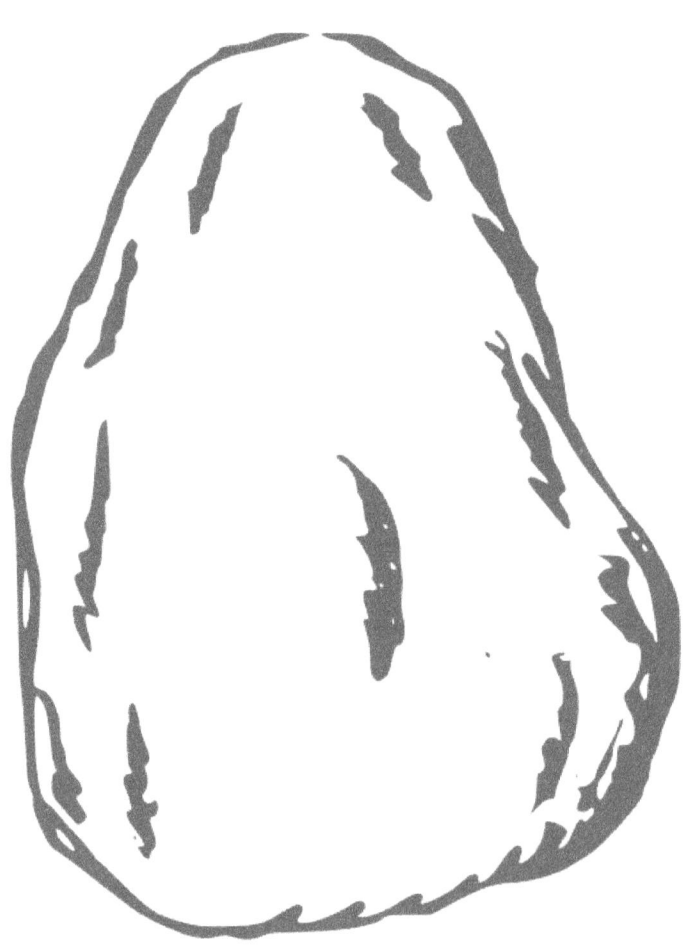

Después de escribir el libro, *YO ya SOY: Testimonios de fe en el Gran YO SOY*, [33] me reuní con un grupo pequeño para estudiarlo. Mientras que mis meditaciones se comenzaron a centrar en el YO SOY y Su majestad, cada vez que yo veía Señor en pura mayúscula en las Escrituras, lo leía como el "YO SOY". Un día, estaba leyendo la oración de David en Salmo 61:2, "...condúceme a la roca que es más alta que yo" (LBLA).

Pequeñita "yo" con letras minúsculas no era nada comparada con la Roca eterna, el YO SOY. Rápidamente, tomé una hoja de papel y escribí "yo" al lado de un dibujo rudimentario de una tremenda roca, casi el tamaño de la hoja completa... y lloré.

¿Dónde estoy comprometida a escuchar? Una de mis respuestas hace eco a la oración de David: Condúceme a la Roca que es más alta que yo.

Al escribir tu propio "yo" pequeñita al lado de la roca en la página anterior con las descripciones de Dios como nuestra Roca, pausa y escucha lo que la Roca tiene para decirte hoy. Hay espacio adicional para que hagas tu propio dibujo, reflexiones o notas.

---

33 Disponible por HermanaRosadeHierro.com y Amazon.com

Semana 4, Día 4
Montaña alta o valle profundo

Tomando inspiración del Antiguo y Nuevo Testamentos para hoy, ¿cómo retratarías las emociones encontradas en estas montañas y valles? Asegúrate de anotar si es una descripción de montaña o valle.

Isaías 52:7

Salmo 48:1-3

Salmo 23

Mateo 17:1-9

Debajo de los siguientes dos pasajes, dibuja una montaña ancha y luego un valle ancho (/∧_/). Por favor, incluye la descripción de cada pasaje en el área correspondiente. Puedes dibujarlo en una página aparte para más espacio.

1 Reyes 18:16-40   1 Reyes 19:1-9

Para Elías, esos días se sentían como una montaña rusa de emociones. Emocionalmente, ¿en cuál lugar te encuentras actualmente, una montaña o un valle? ¿Qué escuchas que el Señor te está diciendo en ese espacio?

Semana 4, Día 5
La noche oscura del alma

Otro grupo de versículos que pudiéramos haber usado para la actividad de ayer es Mateo 26:36-46. **Jesús, aunque estaba físicamente en una montaña, emocionalmente estaba en un valle.** Lee esa narración de Mateo desde el Monte de los Olivos y describe el estado de Jesús.

San Juan de la Cruz, poeta y místico español del siglo 16, al escribir un poema, "La noche oscura del alma", acuñó una frase que ha llegado a significar una crisis de fe o difícil período doloroso en la vida. [34]

Definitivamente Elías enfrentó una "noche oscura del alma" en 1 Reyes 19. Pero Dios lo conoció allí a través de una "pequeña voz susurrada".

Richard Foster, en *Celebración de la disciplina*, describe la noche oscura del alma como un lugar positivo.

> ...es una experiencia que debe aceptarse como una persona enferma aceptaría una intervención quirúrgica que le promete salud y bienestar. El propósito de la oscuridad no es el castigarnos o afligirnos. Es libertarnos... La noche oscura es uno de los medios por los cuales Dios nos lleva a un silencio, a una calma, de tal modo que Él pueda obrar una transformación interna en el alma. [35]

Jeremías, lamentándose como lo hizo a lo largo del libro de Lamentaciones, da mayor luz y palabras significativas de esperanza en contraste a la oscuridad. Lee Lamentaciones 3:19-26 y haz una lista que resalte el contraste entre las dos condiciones mencionadas en esos siete versículos. Puedes dibujar la imagen de una montaña y un valle nuevamente.

---

[34] San Juan De la Cruz, "La noche oscura del alma" (1578). https://www.academia.edu/34365179/LA_NOCHE_OBSCURA_DE_SAN_JUAN_DE_LA_CRUZ (Accedido 23 Mayo 2024)
[35] Richard J. Foster, *Celebración de la disciplina* (Buenos Aires: Paniel, 2009), 114-5.

Volviendo al profeta mayor anterior, ¿cómo distingue Isaías entre los dos tipos de oscuridad y los dos tipos de luz en Isaías 50:10-11?

Es mi oración que, por tu compromiso a escuchar, sin importar a dónde tus pasos te llevan, aún al enfrentar una noche oscura del alma, puedas escuchar y confiar que Su Palabra es una lámpara a tus pies y es una luz en tu sendero (Sal 119:105).

¿A dónde vamos cuando nos encontramos en un valle, enfrentando noches oscuras del alma? ¿Cómo puede traer luz un compromiso a escuchar y una dedicación a su práctica espiritual? [36]

---

36 Aún si no crees eso por ti misma ahora, pido a Dios para que puedas considerar a las otras mujeres en tu grupo pequeño como los amigos en Marcos 2:1-12 que hicieron que el hombre paralizado fuera completo, sano y perdonado al bajarlo por el techo a los pies de Jesús.

Semana 4, Día 6
Donde sea que comamos

Vamos a prepararnos para escuchar hoy al leer la historia de Lucas sobre la preparación de la Pascua. Aún si reconoces este texto que frecuentemente se lee antes de tomar la Santa Cena los domingos, pide que Dios te ayude a escuchar con oídos abiertos. Una idea es leerlo en otra versión de la Biblia que no sueles usar.

Lee Lucas 22:7-38.

Ponte en el aposento alto e imagínate lo que los doce apóstoles y Jesús saborearon y olieron durante la Última Cena. ¿Qué comidas específicas se mencionan?

¿Cuál es el simbolismo que establece el Mesías a través del pan y el vino?

Cada domingo nos da la oportunidad de escuchar la mayor expresión de amor de Dios por el sacrificio de Su único Hijo. Reflexionando en el sabor y la textura del pan sin levadura y del fruto de la vid, ¿qué está compartiendo Dios contigo hoy?

Jesús se revelaba frecuentemente en reuniones donde había comida. **Escoge una** de estas historias para escuchar más, notando dónde se realizó la historia y qué comida estaba involucrada.

Mateo 14:15-21

Mateo 16:5-12

Marcos 16:14

Lucas 24:13-35

Juan 21:1-14

Finalmente, toma un momento donde sea que comas hoy y úsalo intencionalmente para escuchar. Escoge otro asiento en la mesa o siéntate afuera. Nos animará a escuchar desde otra perspectiva.

Semana 4, Día 7
¿Vivir o quedarse?

"¿Dónde vives?" "¿Dónde te quedas?" Aprendí a respetar la distinción entre esas dos preguntas cuando comencé a trabajar con una población que tenía vidas con hogares no muy estables. Para esa subcultura, "¿Dónde vives?" implicaba permanencia o una estabilidad que muchas de esas mujeres y los niños no conocían. "¿Dónde te quedas (la noche)?" afirmaba el hecho de que el alojamiento era temporal. Un hijo de divorcio podría tener padres con custodia compartida, cambiando de casa cada dos semanas. Una universitaria cuyos padres se mudaron antes de su primer año en la universidad es nueva en la ciudad y se siente como pez fuera del agua, inestable y confundida cuando le preguntan de dónde es.

Desde una perspectiva espiritual, somos llamadas a *vivir* en Cristo como nuevas criaturas (2Co 5:17; Gá 2:20), pero *nos quedamos* en este mundo (Jn 17:15). Puede que te sientas que no perteneces. ¡Muy bien! Así debe ser cuando vivimos en Él. Jesús proclamó, "Si fueran del mundo, el mundo los amaría como a los suyos. Pero ustedes no son del mundo, sino que yo los he escogido de entre el mundo. Por eso el mundo los aborrece" (Jn 15:19).

Antes de eso en Juan 15, vemos otras referencias sobre el vivir en Dios. Según la Biblia de Estudio de la Biblia de las Américas [37], sobre el versículo 4 de Juan 15, los verbos quedarse y permanecer son sinónimos.

> **15:4 Permaneced en mí.** Permanecer significa quedarse; el que permanece en Cristo es el que cree en Cristo y permanece con El. El requisito esencial para una vida fructífera es una comunión constante y vital con Cristo, quien es la única fuente de fuerza espiritual que nos ayuda a cumplir con las demandas de nuestro discipulado con El.

Ahora vamos a revisar tres de los versículos de Juan 15 en los que aparecen ese verbo (vv. 4, 9-10) en múltiples versiones de la Biblia para apreciar la riqueza del idioma y las capas de significado. **Subraya cada vez que una palabra como "vivir" o "quedarse" aparece en el texto.** Ya subrayé la primera como ejemplo.

Nueva Versión Internacional:

> ⁴ <u>Permanezcan</u> en mí y yo permaneceré en ustedes. Así como ninguna rama puede dar fruto por sí misma, sino que tiene que permanecer en la vid, así tampoco ustedes pueden dar fruto si no permanecen en mí.
> ⁹ »Así como el Padre me ha amado a mí, también yo los he amado a ustedes. Permanezcan en mi amor. ¹⁰ Si obedecen mis mandamientos, permanecerán en mi

---

[37] *Biblia de Estudio – LBLA*. La Habrá, California: The Lockman Foundation, 2000.

amor, así como yo he obedecido los mandamientos de mi Padre y permanezco en su amor.

Reina Valera Antigua

⁴ Estad en mí, y yo en vosotros. Como el pámpano no puede llevar fruto de sí mismo, si no estuviere en la vid; así ni vosotros, si no estuviereis en mí.

⁹ Como el Padre me amó, también yo os he amado: estad en mi amor. ¹⁰ Si guardareis mis mandamientos, estaréis en mi amor; como yo también he guardado los mandamientos de mi Padre, y estoy en su amor.

Otros sinónimos serían "morar" o "hacer un hogar". ¿Qué escuchas de estas traducciones del griego original? ¿Hay otras imágenes o sinónimos adicionales que te vienen a la mente?

Cierra tu escuchar hoy con otras palabras animadoras de Juan sobre permanecer o vivir en Dios de 1 Juan 4:11-18 (NTV). [38]

¹¹ Queridos amigos, ya que Dios nos amó tanto, sin duda nosotros también debemos amarnos unos a otros. ¹² Nadie jamás ha visto a Dios; pero si nos amamos unos a otros, Dios vive en nosotros y su amor llega a la máxima expresión en nosotros.

¹³ Y Dios nos ha dado su Espíritu como prueba de que vivimos en él y él en nosotros.

¹⁴ Además, hemos visto con nuestros propios ojos y ahora damos testimonio de que el Padre envió a su Hijo para que fuera el Salvador del mundo. ¹⁵ Todos los que declaran que Jesús es el Hijo de Dios, Dios vive en ellos y ellos en Dios. ¹⁶ Nosotros sabemos cuánto nos ama Dios y hemos puesto nuestra confianza en su amor.

Dios es amor, y todos los que viven en amor viven en Dios y Dios vive en ellos; ¹⁷ y al vivir en Dios, nuestro amor crece hasta hacerse perfecto. Por lo tanto, no tendremos temor en el día del juicio, sino que podremos estar ante Dios con confianza, porque vivimos como vivió Jesús en este mundo.

¹⁸ En esa clase de amor no hay temor, porque el amor perfecto expulsa todo temor. Si tenemos miedo es por temor al castigo, y esto muestra que no hemos experimentado plenamente el perfecto amor de Dios.

---

[38] El verbo griego usado aquí (traducido como permanecer) es el mismo que Juan usó en su evangelio, capítulo 15 (citado arriba).

Reflexiones semanales y los Elementos Comunes

Semana 4: **DÓNDE**

Hemos llegado al lugar donde escuchamos juntas. Abajo están las dos preguntas para reflexión y el escuchar compartidos:

1. ¿Qué has oído esta semana en respuesta a la pregunta sobre DÓNDE escuchamos?

2. ¿Cuál día de la actividad para escuchar te llamó más la atención? ¿Por qué esa?

Ahora, a lo personal y práctico a través de los Elementos Comunes. Recuerda que las respuestas serán distintas porque escuchamos cosas únicas y **cada mujer puede estar encontrándose con Dios en un lugar diferente ahora.** ¡Está bien! Él lo puede manejar. Está en todas partes.

Elementos Comunes

Fecha _____

Tus Elementos Comunes sobre DÓNDE pueden incluir nuevos espacios, lugares y contextos en los que estás renovando tu dedicación a escuchar. Abajo comparto mi propia oración de ejemplo para esta semana:

> Aquí estoy, Dios. Anhelo permanecer y vivir en Ti, morar en Tu presencia y vivir como nueva creación en Tu Hijo. Gracias por siempre ser paciente para escucharme aún cuando no Te escucho consistentemente. Confieso que me pongo impaciente y a veces hasta evito escuchar porque estoy en un lugar difícil y tengo temor de lo que voy a escuchar. Gracias por Tu gracia que me vuelve a poner en un camino donde el escuchar puede pasar nuevamente y puedo ser transformada más y más a la imagen de Tu Hijo. En el nombre de Jesús, doy gracias a Ti por nunca cesar de hablarme y Te pido que siempre abras mis oídos. Amén.

 Un área en la que quieres crecer o florecer:

 Una espina que deseas eliminar:

 Un área en la que quieres profundizar o necesitas a alguien como afiladora en tu vida. (¿Cómo podemos nosotras, como grupo, ayudarte a seguir escuchando y cumpliendo con lo que has oído?)

Un mensaje de esperanza, una palabra animadora o un versículo bíblico de tu tiempo de escuchar:

Cierren en oración, dando gracias a Dios por lo que han oído sin importar dónde se encuentren.

Semana 5: CÓMO

Semana 5, Día 1
Las posturas para escuchar

Primera de Juan capítulo 1 abre con una afirmación de las múltiples modalidades para enseñar, aprender y escuchar.

Lo que ha sido desde el principio, lo que hemos oído, lo que hemos visto con nuestros propios ojos, lo que hemos contemplado, lo que hemos tocado con las manos, esto les anunciamos respecto al Verbo que da vida. (1Jn 1:1)

A lo largo de las Escrituras, Dios ha mandado que Su pueblo escuche e interactúe con Su palabra de maneras diversas, hasta kinestésicas.

⁴ Escucha, Israel: El Señor nuestro Dios es el único Señor. ⁵ Ama al Señor tu Dios con todo tu corazón, con toda tu alma y con todas tus fuerzas. ⁶ Grábate en el corazón estas palabras que hoy te mando. ⁷ Incúlcaselas continuamente a tus hijos. Háblales de ellas cuando estés en tu casa y cuando vayas por el camino, cuando te acuestes y cuando te levantes. ⁸ Átalas a tus manos como un signo, llévalas en tu frente como una marca y ⁹ escríbelas en los postes de tu casa y en los portones de tus ciudades. (Dt 6:4-9)

"Escucha, Israel..." (Dt 6:4). La palabra "escuchar" allí, en el hebreo, es Shemá, y por eso se conoce este mandamiento por ese nombre. Los versículos 6-9 proveen instrucciones sobre cómo ese mandato importantísimo puede ser oído y recordado. Haz una lista de los lugares o las posturas para escuchar.

Para escuchar óptimamente, algunos eruditas promueven una posición física bien cómoda y de mínima distracción. Otros sugieren una posición que es incómoda para enfocarse en escuchar mejor por la incomodidad. Esa segunda práctica se ha comparado con el hambre del ayuno como un recordatorio para orar.

Cualquiera que sea tu preferencia, para el resto de tu tiempo hoy, escoge uno de los contextos para escuchar de Deuteronomio 6 o una de las posturas enlistadas abajo para poner en práctica mientras que meditas en el Shemá:

⁴ Escucha, Israel: El Señor nuestro Dios es el único Señor. ⁵ Ama al Señor tu Dios con todo tu corazón, con toda tu alma y con todas tus fuerzas. (Dt 6:4-5)

Posturas para escuchar

Los versículos acompañantes de las posturas sirven como referencia, pero nuestro enfoque principal es en usar esa postura para meditar en Deuteronomio 6:4-5.

Postrada o acostada (Nm 24:2-4, 15-16; Is 15:3)

Parada (Neh 9:5; Sal 119:120)

Arrodillada (Sal 95:6; Ef 3:14)

Manos levantadas (Sal 141:2, 143:6)

Sentada (Cnt 2:3-4; Lc 10:39)

Semana 5, Día 2
Un coro de confianza

Había coros como recordatorios de verdad que Dios proveía para los israelitas. Durante el estudio de "Lección introductoria para los grupos pequeños" de este libro, exploramos la respuesta repetida como si fuera el coro de la canción del salmo: "Su amor perdura para siempre" de los Salmos 118 y 136.

Hoy vamos a usar otro coro que Dios proveía a los israelitas como recordatorio para confiar en Él. Quizás reconocerás canciones que se han escrito inspiradas por este refrán bíblico. **Hay poder al decirlo juntas en voz alta**: una afirmación de dedicación mutua a lo que se declara.

Tanto como se repita en los siguientes versículos, lee cada uno y toma nota de los pequeños cambios en cómo se expresa o su contexto. **No es una lista exhaustiva, pero para cada uno, anota quién estaba hablando y quién estaba escuchando.**

Éxodo 3:12

Deuteronomio 31:7-8

Deuteronomio 31:23

Josué 1:5b, 6a, 7a, 9b

Josué 23:6

1 Reyes 8:57

Isaías 41:10

Juan 14:1, 25-27

Toma un momento para reflexionar sobre lo que fue oído y luego esparcido, oído y luego esparcido, en sucesión. **Lo que escuchamos, debemos proclamar.**

Escribe tu propia versión de este "coro de confianza". Puedes dibujarlo, ilustrarlo o incluir otras palabras en poema o canción. Eso refleja CÓMO los judíos escuchaban.

Semana 5, Día 3
Escuchar con pacienia y perseverancia

Para escuchar a Dios hoy, historias de los Antiguo y Nuevo Testamentos proveerán el fondo de esperar paciente o impacientemente o de no esperar.

Para cada una de estas historias, leeremos el texto y daremos respuestas a la misma lista de preguntas:

1. ¿Quién estaba esperando una respuesta?
2. ¿Por qué estaba escuchando?
3. ¿Qué hizo mientras esperaba?
4. Describe cómo la persona esperó paciente o impacientemente (o no esperó).
5. ¿Cuál fue el resultado de su manera de escuchar y esperar (o no)?

1 Samuel 1

1.

2.

3.

4.

5.

1 Samuel 13:1-14

1.

2.

3.

4.

5.

Lucas 2:36-38

1.

2.

3.

4.

5.

Lucas 18:1-8

1.

2.

3.

4.

5.

¡Gracias por escuchar a través de estas cuatro historias! ¿Qué escuchaste sobre cómo escucharon?

Semana 5, Día 4
¿Es el escuchar un llamado a la acción?

"El escuchar no es siempre un llamado a la acción."

Cuando pregunté a una amiga cercana si estaba de acuerdo con esa declaración, pausó, permitiéndome explicar más sobre esa idea. Hemos practicado escucharnos suficientes veces en el pasado que, ella sabía que yo quería hacerla pensar. Hemos servido como hierro afilando a hierro frecuentemente, desglosando un pasaje de la Biblia o un concepto espiritual para profundizar nuestro entendimiento y visión.

La mayoría de los ejercicios de escuchar hasta este punto probablemente han provocado una acción o reacción en ti. Dar seguimiento a esa acción depende de cada una individualmente. Richard Foster y Dietrich Bonhoeffer en sus libros respectivos sobre las disciplinas espirituales para los discípulos proponen fuertemente que el escuchar es un precursor a la obediencia. [39]

En 2 Samuel 11, cuando el Rey David estaba distraído y no estaba escuchando a Dios, descuidó su deber como comandante del ejército israelita. Aprendemos el resultado de su falta de acción: adulterio con Betsabé. En el siguiente capítulo, Dios envió al profeta Natán con un mensaje. Una vez que David escuchó la reprimenda de Dios, ilustrado por una parábola, David fue compungido de corazón y llamado a acción.

El Salmo 51 y los siguientes capítulos de 2 Samuel son un ejemplo tangible de la causa y el efecto de cuando el escuchar promueve la obediencia. No es una ocurrencia única de las Escrituras. ¿Puedes pensar en otro ejemplo cuando escuchar a Dios promovió a alguien a arrepentimiento u obediencia?

Desde la otra perspectiva (de acuerdo con la frase arriba), **el escuchar es una actitud y una postura.** Es fundamental para nuestra relación con Quien siempre está hablando. **Nunca paramos de escuchar porque YHVH nunca cesa de ser.**

Mi amiga Molly compartió que, durante una temporada de su vida, una canción específica le estaba dando un mensaje claro de Dios para meditación, invitándola a confiar en Él. Pero el mensaje parecía inoportuno. Fue más una

---

[39] Richard Foster, *Celebración de la disciplina* y Dietrich Bonhoeffer, *El precio de la gracia: El seguimiento.*

afirmación que un recordatorio, y una que no se sentía tan necesitada en ese momento como en otros puntos de su vida… como el que Dios sabía que estaba a punto de venir.

Cuando Molly fue repentina e inesperadamente despedida del trabajo, el mensaje claro para meditación comenzaba a hacer eco en sus oídos. **Lo que se escuchó por un enfoque en la relación se hizo más claro cuando la relación era fuertemente necesitada, no sólo cuando fue afirmada anteriormente.**

La propuesta de los eruditas de que el escuchar promueve la obediencia y el arrepentimiento es acertada, pero incompleta. Propongo que el escuchar es primero y ante todo relacional, una faceta vital de formar y fortalecer relaciones.

¿Cómo se describe la escucha relacional? [40]

¿Puedes pensar en un tiempo en que el escuchar sincero relacional a Dios no te impulsó a arrepentimiento u obediencia? ¿Qué escuchaste entonces? (Si no te acuerdas de un momento así, ¡está bien!)

El Salmo 19 presenta ambos lados de esta moneda. **No se trata de uno o el otro sino es una invitación a los dos: escuchar relacionalmente y escuchar como llamado a la acción.** Escucha las maneras en las que podemos escuchar a Dios a través de los ejemplos en Salmo 19. Espero que fortalezca tu relación con Él, sea que te provoque, o no, a una acción específica hoy.

---

[40] Generalmente, las mujeres hemos sido dadas con la habilidad de escuchar como parte de la formación de relaciones. A diferencia a los hombres que cuando escuchan, quieren arreglarlo o buscar soluciones.

Semana 5, Día 5
Ayunar antes de festejar

Dios celebra y nos manda tanto a ayunar como a festejar a lo largo de la Biblia. El Señor, a través del profeta Isaías, aclara lo que es el ayuno verdadero, y lo que no es, en Isaías capítulo 58. El capítulo cierra con este versículo de promesa condicional:

[Si han practicado el ayuno auténtico...]
...entonces te deleitarás en el Señor,
y yo te haré cabalgar sobre las alturas de la tierra,
y te alimentaré con la heredad de tu padre Jacob;
porque la boca del Señor ha hablado. (Is 58:14 LBLA)

¿Qué se promete después del ayuno genuino? ¡Alimento festejado!

Jesús resaltó el mismo principio cuando le preguntaron por qué Sus discípulos no estaban ayunando mientras que los discípulos de Juan y los Fariseos sí.

Jesús contestó:
—¿Acaso pueden estar de luto los invitados del novio mientras él está con ellos? Llegará el día en que se les quitará el novio; entonces sí ayunarán. (Mt 9:15)

El Rey Salomón afirmó que había un tiempo para todo. En Eclesiastés 3, fácilmente pudiera haber añadido, "Hay un tiempo para ayunar y un tiempo para festejar".

Uno de los ejemplos más tangibles y extremos de ayunar y festejar se cuenta en el libro de Ester.

En Ester 4, Mardoqueo estaba en luto. Con vestiduras rasgadas y ceniza, caminó por la ciudad, temiendo la eliminación del pueblo del Señor. Al acercarse a la puerta del rey, oró para que su prima escuchara de su estado desesperado.

Esa prima, Jadasá, había escondido su herencia judía y fue conocida por su nombre persa, Ester, en el palacio. Por el plan divino de Dios, ella ya era la esposa del Rey Asuero y reina de Persia. Pero cuando enfrentó la amenaza de la aniquilación de su nación y fue implorada por Mardoqueo, vaciló en su confianza de que pudiera ayudar.

Lee Ester 4:12-17.

Después de pensar en las palabras de Mardoqueo y en preparación para hacer caso a su plegaria, ¿qué pide Ester de los judíos en Susa?

Después de un tiempo horrendo de temor, luto y tragedia inminente, Dios transformó radicalmente el resto de la historia.

El resto de la historia es una de celebración de la redención de Dios por Su pueblo. Ester capítulos 8 al 10 proclaman cómo, para los judíos, *"su aflicción se convirtió en alegría, y su dolor en día de fiesta"* (Est 9:22).

Purim se convirtió en una nueva fiesta anual para los israelitas, añadida a las otras fiestas enumeradas en Levítico 23. Estos tiempos de celebración establecieron ritmos de recordatorio para el pueblo de Dios.

¿Qué se celebra de Dios en un tiempo de festejo?

En Hechos 13:1-3, la iglesia hace ayuno para buscar la guía de Dios. ¿Cómo respondió el Espíritu Santo?

Usando el ejemplo de Hechos 13 u otras referencias, ¿cómo promueve el ayuno a escuchar?

El ayuno es el catalizador para escuchar enfocadamente. El festejo es una celebración y una proclamación de lo que hemos oído. Los dos son invitaciones sobre cómo escuchar más.

Semana 5, Día 6
Escuchar a través de la adoración

Imagínate como una israelita a la orilla del Mar Rojo. Finalmente han sido liberados de la cautividad de la esclavitud. Manos callosas de hacer ladrillos jalan un carrito de sus pertenencias fuera de Egipto. Sigues incierta del Dios de Abraham, Isaac y Jacob, pero Moisés ha hablado de parte de Él y Él ha prometido liberación. Las plagas sufridas recientemente ofrecen evidencia de la mano poderosa de Dios obrando.

Habiéndose escapado en medio de la noche, todavía escuchas eco de las madres llorando que perdieron sus primogénitos bajo la décima plaga. Agradecida de estar libre, tomando tu familia entera contigo, comienzas a contar en mente todos los tesoros que tomaron de los egipcios al urgirles a que se fueran inmediatamente, temerosos de tu Dios.

Cansada pero emocionada, caminas fatigada con el gentío y el ganado, maravillándote de la columna de nube que les ha guiado de día y la columna de fuego por la noche.

Comienzas a escuchar un rumor de que los egipcios vienen por detrás, persiguiendo a la gente y la propiedad que se dieron cuenta que perdieron. Pero como una familia entre las primeras del gran grupo, puedes ver el gran Mar Rojo por delante. Atrapada y confundida, te unes al coro aterrorizado de quejas.

Lee Éxodo 14:10-18 y luego los versículos 29-31.

¡Guau! Como una de los israelitas, ¿cuál es tu reacción a todo lo que viste?

Miriam, la hermana de Moisés y Aarón, lo resumió en una canción de adoración y alabanza, de una sola frase.

> *Canten al S*ENOR*, que se ha coronado de triunfo*
> *arrojando al mar caballos y jinetes. (Ex 15:21)*

¡Amén!

Escoge tu canción de adoración favorita, una que alaba a Dios por quién es o lo que Él hace. Pasa un tiempo escuchándola, cantándola, escribiendo su letra o dibujando algo inspirado por haber escuchado a Dios y estado en Su Presencia durante ese tiempo de adoración.

Escucha. Recuerda. Adora. Y luego comprométete a escuchar y recordar nuevamente.

Semana 5, Día 7
Oídos que escuchan

He sido bendecida por el escuchar. Le pido a Dios que tú también. En vez de contar una de mis propias historias, me urge compartir una en nombre de mi amiga Katie.

Pocas horas después de escuchar noticias extremadamente discordantes e impactantes, Katie recibió una llamada telefónica de una amiga. "Oí algo súper animador hoy y te lo quise compartir." Ella continuó, **"Dios estará allí dentro de un mes."**

Sorprendida por el momento de la llamada y acalorándose al consuelo de esa verdad que Dios siempre está con nosotros, Katie preguntó si su amiga había escuchado sus noticias, las que le impulsaron a llamar. "No. ¿Qué noticias? ¿Qué pasó?"

Después de resumir brevemente lo básico de lo que había pasado, lo que se podía compartir a esa altura, la amiga declaró, "¡Ese mensaje es definitivamente para tu esposo! Tienes que compartírselo." Ambas mujeres lucharon para encontrar palabras. "¡Dios es asombroso!" "¡Dios sabía absolutamente que Uds. necesitaban escuchar eso!" "¡Gracias!"

Y un mes después, Katie y su esposo sí sabían que Dios estaba allí. Lo que esperaban que se resolviera dentro de tres días tomó un mes. Se aferró a esa promesa de la omnipresencia de Dios durante el camino arduo, hasta tortuoso para su familia. Confiaron y dieron testimonio de que Dios estaba presente en cada momento.

Ahora, Katie comparte el testimonio de la protección y guía de Dios, proclamándolo a todo quien la oye. Su amiga tenía oídos prestos para escuchar. Katie tenía esos oídos también. Y Dios fue glorificado.

Dios siempre está hablando. Pero no siempre estamos escuchando. Nos regocijamos cuando escuchamos y proclamamos. Sufrimos cuando no lo hacemos.

El libro de Jeremías está repleto de advertencias de lo que va a pasar cuando no escuchamos. Jeremías hace referencia al escuchar más frecuentemente que cualquier otro autor bíblico. Las promesas de las bendiciones están allí con una invitación al arrepentimiento. Sin embargo, están acompañadas intencionalmente con la decaída trágica de quienes han abandonado los mandatos de Dios y ya no buscan Su voz. Agradecidamente, siempre hay un remanente de quienes mantienen los oídos abiertos para escuchar.

El Señor, a través de Jeremías, invita a las plañideras a lamentar con un espíritu de arrepentimiento, luego que abran sus oídos a las palabras de Su boca (Jer 9:17-20). ¿Qué más escuchas de ese pasaje en Jeremías 9?

Escuchemos a más verdades expresadas por las Escrituras sobre los oídos que escuchan y cómo Dios se deleita en ellos.

> *Los oídos para oír y los ojos para ver:*
> *¡El Señor los ha creado a los dos! (Pr 20:12)*

> *Si alguien ha de gloriarse, que se glorie de conocerme*
> *y de comprender que yo soy el Señor,*
> *que actúo en la tierra con gran amor,*
> *derecho y justicia,*
> *pues es lo que a mí me agrada»,*
> *afirma el Señor. (Jer 9:24)*

Tanto Katie como su amiga tenían oídos para escuchar que facilitaron entendimiento, consuelo y un conocimiento más profundo del Señor. Katie no habría escuchado lo que Dios tenía para ella si su amiga no hubiera escuchado primero y luego compartido ese mensaje. **Las dos tenían que estar dispuestas a escuchar.**

En el Antiguo y Nuevo Testamentos, por Jesús mismo y nuevamente en Apocalipsis, se ofrece una invitación, *"El que tenga oídos para oír, que oiga."*

¿Qué escuchan tus oídos para oír hoy?

¿Hay algo de lo que has oído que debes compartir con alguien?

Reflexiones semanales y los Elementos Comunes

Semana 5: **CÓMO**

Esta semana, pueden cambiar el formato de CÓMO se escuchan las unas a las otras. Pueden usar una de las posturas de escuchar (Día 1) o tomar un momento para escuchar a través de una canción de alabanza que canten juntas. Recuerden, estamos escuchando a Dios mientras nos escuchamos unas a otras también.

Nuestras dos preguntas básicas son las mismas:

1. ¿Qué has oído esta semana en respuesta a la pregunta CÓMO escuchamos?

2. ¿Cuál día de la actividad para escuchar te llamó más la atención? ¿Por qué esa?

Ahora, a lo personal y práctico a través de los Elementos Comunes. **Hemos estado escuchando a Dios y encontrándolo en diferentes maneras, pero sorprendentemente, nuestras respuestas a veces pueden coincidir con las de otras porque Dios también ha abierto nuestros oídos para escuchar a través de las demás.**

Elementos Comunes

Fecha _____

Tus Elementos Comunes sobre CÓMO escuchamos pueden ser un nuevo desafío al buscar descubrir nuevas maneras en las que podemos ser comprometidas a escuchar.

 Un área en la que quieres crecer o florecer:

 Una espina que deseas eliminar:

 Un área en la que quieres profundizar o necesitas a alguien como afiladora en tu vida. (¿Cómo podemos nosotras, como grupo, ayudarte a seguir escuchando y cumpliendo con lo que has oído?)

Un mensaje de esperanza, una palabra animadora o un versículo bíblico de tu tiempo de escuchar:

Cierren en oración, dando gracias a Dios por CÓMO Él habla.

Semana 6: QUÉ

Semana 6, Día 1
Prueben y vean; oigan y vean

Prueben y vean que el Señor es bueno;
dichosos los que se refugian en él. (Sal 34:8)

Hemos enfatizado algunas de las maneras en las que podemos oír y ver que el SEÑOR es bueno, pero ¿cómo podemos "probar" (saborear) y ver que Él es bueno?

Muchos bocados deliciosos comenzaron como una sola semilla, plantada en la tierra. Me acuerdo del dulce maíz fresco de Iowa en la mesa de mi abuela cada verano. Había tomates frescos disponibles todo el año en la granja del tío de mi mamá en el sur de la Florida. Dos de mis tres hermanas han desarrollado sus habilidades como jardineras al nutrir semillas y deleitarse en las plantas que crecen de brotes tiernos. **Cada uno de los miembros de mi familia saborean el fruto literal de su labor, dando toda la gloria al Jardinero Maestro por hacerlo crecer.**

Espiritualmente hablando, reconocemos que una persona planta, otra quizás riega, pero siempre es Dios quien da el crecimiento (1Co 3:6). Ilustraciones agrícolas se encuentran a lo largo de la Biblia, muchas usadas por Jesús mismo en las parábolas.

Hoy, vamos a pasar un tiempo escuchando la enseñanza de Jesús por la parábola del sembrador en el libro de Mateo, capítulo 13.

Lee Mateo 13:1-23.

Dibuja una semilla pequeña.

Ahora, imagínate lo que crece de esa semilla... Te invitaría a dibujarlo, pero si se dibujara a la escala del tamaño real, no cabría en esta página. En cambio, toma un momento para maravillarte del proceso por el que pasa una semilla para convertirse en una planta completa.

Richard Farrar Capón dice, "...las semillas son desproporcionalmente pequeñas en comparación con lo que eventualmente producirán". [41] Adicionalmente, explica que las semillas tienen que desaparecer. Son removidas de nuestra vista y la mayoría de las etapas de los procesos iniciales de una semilla están escondidas de nuestra vista. No podemos ver lo que está transpirando. Ni los botánicos pueden comprender plenamente cómo una semilla con apariencia muerta se transforma en la vida de lo que produce.

Las semillas son un misterio. El Verbo y Su Palabra son un misterio. **Cuando nos pide oír y ver, escuchar y entender, también nos invita al misterio de ello.**

Las culturas orientales (incluyendo la región geográfica donde Jesús andaba en esta tierra) están más abiertas a deleitarse en el misterio. Las culturas occidentales tienden a querer entenderlo, investigar, diseccionar, extrapolar y luego compartir el conocimiento adquirido. Ambos acercamientos tienen mérito. **Podemos maravillarnos del misterio que resalta Su majestad y también pedir que Dios revele el misterio para que podamos entender, apreciar y proclamar lo que hemos llegado a conocer.**

Los discípulos, al oír la parábola del sembrador, hicieron un poco de los dos. Se maravillaron y contemplaron, pero luego pidieron que Jesús les revelara el misterio. Anhelaban ver y oír. ¡Y Jesús respondió! Proveyó la explicación e interpretación para Sus discípulos, Sus seguidores. Fue a quienes no lo estaban siguiendo que dejó en oscuridad.

Escucha la siguiente versión de la historia en Lucas, la parábola del sembrador, tomada de la Nueva Traducción Viviente.

> *Después de haber dicho esto, exclamó: «El que tenga oídos para oír, que escuche y entienda».*
> *[9] Sus discípulos le preguntaron qué significaba esta parábola. [10] Él respondió: «A ustedes se les permite entender los secretos del reino de Dios, pero utilizo parábolas para enseñarles a los demás y para que se cumplan las Escrituras:*
> *"Cuando miren, no verán realmente.*
> *Cuando oigan, no entenderán". (Lc 8:8b-10, NTV)*

Jesús lamenta con la profecía de Isaías que habrá quienes miran y oyen, pero que no estarán viendo ni entendiendo.

Si no estamos escuchando, no podemos ver lo que vemos. La admonición de mi mamá, "Necesito que me escuches con tus ojos", hace eco en mi memoria...

---

41 Robert Farrar Capon, *Kingdom, Grace, Judgment*. (Grand Rapids: Wm. B. Eerdmans Pub., 2002), 67 [cita traducida por Michelle J. Goff].

puedo imaginarla señalar con sus dos dedos hacia sus propios ojos, luego a los míos, a los suyos y a los míos alternando hasta que yo sí veía y escuchaba.

Dichosos los que prestan atención a la advertencia de Isaías y aceptan la invitación de Jesús a oír verdaderamente y ver claramente. Espero que escuches las palabras de Jesús proclamadas para Sus discípulos ese día, la misma bendición y promesa que te ofrece hoy.

Pero dichosos los ojos de ustedes porque ven y sus oídos porque oyen. (Mt 13:16, NVI)

Si te sientes frustrada de que no estás oyendo ni viendo plenamente ahora mismo, toma un momento para maravillarte en el misterio. Sigue escuchando a "la Palabra de Dios quien trabaja tan mínima y misteriosamente como una semilla."

Semana 6, Día 2
La Palabra versus el mundo

Importa lo que escuchamos. Estamos en el mundo, más no somos del mundo (Jn 17:15-16). Estamos bombardeadas constantemente por mensajes del mundo que pueden hacer más difícil el escuchar fielmente a la Palabra: la Palabra de Dios en la Biblia, más también el Verbo (la Palabra) que se hizo carne y habitó entre nosotros (Jn 1:1 y 14, 3:34).

Usando las dos imágenes aquí, vamos a escribir cosas relacionadas con la Palabra dentro de la Biblia abierta y la cruz. Las cosas relacionadas con el mundo se escribirán fuera de esas dos imágenes. Los versículos bíblicos enlistados dentro de la Biblia abierta son un buen comienzo.

Puedes representar la influencia del mundo y sus mensajes con señas, dibujos o palabras.

Romanos 1:19-32
Romanos 12:1-2
Hebreos 4:12
1 Juan 2:15-17

Semana 6, Día 3
La fidelidad y el amor

Comienza hoy leyendo Salmo 145:1-7.
¿Cómo describe David a Dios?

¿Qué hace David y las generaciones pasadas sobre eso?

¿Cómo describirías a Dios?

¿Cómo "proclamas la memoria de Su inmensa bondad" y "anuncias la grandeza de Sus obras"?

Para el resto del Salmo 145, quiero que subrayes toda ocasión de la palabra "todo", sea una referencia literal o implicada (e.g. "siempre"). Ya hice la primera.

⁸ El Señor es misericordioso y compasivo,
lento para la ira y grande en amor.
⁹ El Señor es bueno con <u>todos</u>;
él tiene misericordia de todas sus obras.

¹⁰ Que te alaben, Señor, todas tus obras;
que te bendigan tus fieles.
¹¹ Que hablen de la gloria de tu reino;
que proclamen tus proezas,
¹² para que todos conozcan tus proezas
y la gloria y esplendor de tu reino.
¹³ Tu reino es un reino eterno;
tu dominio permanece por todas las generaciones.
Fiel es el Señor a su palabra
y santo en todas sus obras.
¹⁴ El Señor sostiene a los caídos
y levanta a los agobiados.
¹⁵ Los ojos de todos se posan en ti
y a su tiempo les das su alimento.
¹⁶ Abres la mano y sacias con tus favores
a todo ser viviente.
¹⁷ El Señor es justo en todos sus caminos
y bondadoso en todas sus obras.
¹⁸ El Señor está cerca de quienes lo invocan,
de quienes lo invocan en verdad.
¹⁹ Cumple los deseos de quienes le temen;
atiende a su clamor y los salva.
²⁰ El Señor cuida a todos los que lo aman,
pero aniquilará a todos los malvados.
²¹ ¡Mi boca proclamará alabanzas al Señor!
¡Alabe su santo nombre todo ser viviente,
por siempre y para siempre!

Después de una descripción gloriosa de Dios y en vista de *todo* lo que Dios ha hecho para *todos* los que lo llaman, ¿qué has oído hoy por lo que le quieres alabar? Explica.

Semana 6, Día 4
El corazón, el alma, la mente y la fuerza de Dios

Cuando le preguntaron cuál era el mandamiento más importante, Jesús citó el Shemá en Deuteronomio 6. El evangelio de Marcos resalta esa correlación.

29 Jesús contestó:
—El más importante es: "Escucha, Israel: El Señor nuestro Dios es el único Señor. 30 Ama al Señor tu Dios con todo tu corazón, con toda tu alma, con toda tu mente y con todas tus fuerzas". 31 El segundo es: "Ama a tu prójimo como a ti mismo". No hay otro mandamiento más importante que estos. (Mr 12:29-30)

Con toda faceta y fibra de nuestro ser, somos mandadas a amar a Dios. **Dado que fuimos hechas a Su imagen, vamos a explorar lo que Dios ama con Su corazón, alma, mente y fuerza.** Él ha establecido un pacto de amor con nosotras (1R 8:23), que significa que el amor es de doble vía. Dios nos ama y nosotras lo amamos. Somos llamadas a dar y recibir.

Lejos de ser una lista exhaustiva abajo, vamos a resaltar algunos versículos, escuchando al corazón, alma, mente y fuerza de Dios. Al leer cada uno, toma nota de lo que escuchas del amor de Dios, Su expresión de amor por Su corazón, alma, mente y fuerza.

Corazón

Nehemías 9:17

Oseas 11:8

Mateo 9:36

Marcos 8:2

Santiago 5:11

Alma

    Mateo 18:1-4

    Mateo 20:13-16

    2 Pedro 3:8-9

Mente

    Job 38:36

    Salmo 119:97-104

    Proverbios 4:7-9

Fuerza

    Éxodo 15:10-13

    Job 40:15-19

    Salmo 65:5-8

    Mateo 21:12-14

Semana 6, Día 5
El ruido versus el silencio

Somos adictas al ruido. Se define el ruido como un sonido sin significado. Hoy, vamos a callar ese ruido y volver a tierra santa (Ex 3:5). Quita tus zapatos para comenzar.

Pon un temporizador por 24 minutos, un minuto para cada hora del día.

Vamos a meditar en Eclesiastés 5:1-3. Escucha las palabras del Maestro.

> *¹ Cuando vayas a la casa de Dios, cuida tus pasos y*
> *acércate a escuchar en vez de ofrecer sacrificio de necios,*
> *que ni conciencia tienen de que hacen mal.*
> *² No te apresures,*
> *ni con la boca ni con el corazón,*
> *a hacer promesas delante de Dios;*
> *él está en el cielo*
> *y tú estás en la tierra.*
> *Mide, pues, tus palabras.*
> *³ De las muchas ocupaciones brotan los sueños*
> *y de las muchas palabras, las tonterías. (Ec 5:1-3)*

En silencio, descalza, dile a Dios que estás escuchando. Una oración de ejemplo: "Señor, por favor calma mi espíritu y guía mis pensamientos". Cuando alguna distracción te venga a la mente, menciónala específicamente y dile, "Dios, te la entrego."

Puedes escribir, dibujar o simplemente quedarte en silencio delante de Dios.

Semana 6, Día 6
Guía y rendición

Quizás ayer fue un poco difícil; requiere disciplina. **En el silencio, tengo que trabajar arduamente para rendir mis propios pensamientos.** Cuando el silencio se llena con voces competitivas, nuestros pensamientos comienzan a perseguirlas. ¿Qué pasa entonces? ¿Cómo nos sentimos?

Jesús tenía muchas voces competitivas clamando por Su atención. Los discípulos querían tiempo con el Maestro. Los enfermos buscaban al Sanador. Maestros de la ley lo perseguían, buscando atrapar y hasta matar al que amenazaba sus interpretaciones distorsionadas sobre las cuales habían construido sus vidas. Estaban ciegos para ver y sordos para oír la Verdad.

En los evangelios, vemos a Jesús aislarse frecuentemente para estar a solas con Su Padre. **Él reconocía la necesidad de callar el ruido del mundo y volver a conectarse con Quien cuya voz importaba más.** Para que eso pudiera pasar, Jesús tenía que rendir Su capacidad divina de hacer y ser todo (hasta al mismo tiempo, si quisiera).

En vez de responder al ruido del clamor, Jesús renunció a Sus pensamientos, Sus deseos y Su voluntad para escuchar al Padre.

El ejemplo más conmovedor del rendimiento total de Cristo es en el jardín de Getsemaní. Leamos la historia de esa noche, escrita por Mateo, capítulo 26, versículos 36 al 46.

Escribe las palabras de Cristo a Su padre en Mateo 26:42.

¿Qué te está pidiendo Dios que sometas a Su voluntad?

Cuando nos rendimos a Dios, el arrepentimiento es un paso necesario (1R 8:47; Hch 2:38). Giramos de andar por nuestra propia oscuridad a andar en Su luz (1Jn 1:5-10). Renunciamos a nuestros deseos en búsqueda de los Suyos (Gá 5:16-17). Abandonamos nuestra manera fútil de pensar y nos adherimos a Su sabiduría y verdad (Is 55:8-9). El pecado y sus trampas ya no tienen control sobre nuestras vidas porque nos hemos rendido a Aquél que tiene todo el control (Ro 6:11-14).

Para contestar Su invitación a ser un sacrificio vivo, tenemos que entregarnos a Aquél quien hizo el mayor sacrificio (Ro 12:2; Jn 3:16). Cuando confesamos Su nombre como Señor de nuestras vidas y nos arrepentimos, alejándonos del pecado, afirmamos que no sólo oímos la invitación, más también que estamos comprometidas a escuchar. **Estamos dispuestas a obedecer. Estamos dedicadas a la disciplina que Jesús modeló: buscar la guía del Padre, rindiendo nuestra voluntad y nuestros pensamientos.**

¡Alabado sea Dios que tenemos el Espíritu Santo como Consolador y Guía en nuestra caminata del escuchar (Jn 14:26, 16:13)!

Week 6, Day 7
Conclusión de Semana 6 en los Grupos pequeños

Es la última reunión con tu grupo pequeño en este contexto. Pero ¡espero que no sea la última vez que escuchen a Dios y las unas a las otras!

Por favor, aprovecha el resto del tiempo hoy para seguir en la próxima página.

Reflexiones semanales y los Elementos Comunes

Semana 6: QUÉ

Le pido a Dios que hayan sido animadas e inspiradas a lo largo de su tiempo con Dios y con las demás mujeres durante las últimas seis semanas. Gracias por dedicar un tiempo para renovar su compromiso de escuchar a Dios. Para esta última oportunidad de escuchar las unas a las otras por los Elementos Comunes y las dos preguntas de reflexión, tomen un momento para celebrar lo que han oído esta semana pasada, más también durante el transcurso del estudio entero.

¡Dios está hablando! Y estamos comprometidas a escuchar.

1. ¿Qué has oído esta semana en respuesta a la pregunta a QUÉ escuchamos?

2. ¿Cuál día de la actividad para escuchar te llamó más la atención? ¿Por qué esa?

Concluimos nuestras palabras de pregunta con "QUÉ", pero ¡ya hemos estado enfocadas en lo QUE hemos oído semana a semana! A través de su compromiso de escuchar a las otras, han llegado a ser Hermanas Rosa de Hierro las unas para las otras, **como hierro afilando a hierro** (Pr 27:17), como **animadoras en las** áreas de crecimiento y florecimiento. Finalmente, nos hemos desafiado a ser comprometidas a escuchar al profundizarnos en la Palabra juntas. Por lo tanto, **nos rendimos cuentas en busca del escuchar dedicado.**

En conclusión de los Elementos Comunes, ya sea que los hayas escrito en el formato de esta ilustración, has estado contestando estas preguntas a lo largo de las últimas seis semanas. Reflexiona y toma nota por si hay un tema común entre los Elementos de semanas anteriores. O ¿qué novedad has oído esta semana al escuchar?

Elementos Comunes

Fecha _____

 Un área en la que quieres crecer o florecer:

 Una espina que deseas eliminar:

 Un área en la que quieres profundizar o necesitas a alguien como afiladora en tu vida. (¿Cómo podemos nosotras, como grupo, ayudarte a seguir escuchando y cumpliendo con lo que has oído?)

Un mensaje de esperanza, una palabra animadora o un versículo bíblico de tu tiempo de escuchar:

Antes de cerrar en oración, tomen un momento para leer la Conclusión juntas (página 119).

Conclusión

No me gusta desempolvar. Es el quehacer casero menos favorito. Pero cuando la luz por la ventana brilla en mi piso y otras superficies, el polvo está evidente y quiero apurarme para desempolvar y aspirar la casa. Por cierto, tengo alergia al polvo y sé que mi vida estaría mejor si me mantuviera más cumplida con ese quehacer.

Comenzamos este libro con la analogía de una casa. Ya, con la fundación establecida y la casa construida, era el momento para distribuir las tareas de la casa para asegurarse de que funcionara saludablemente el hogar, especialmente en cuanto a la comunicación.

Para serles honesta, admito que no siempre me gusta escuchar. Se puede sentir como un quehacer pesado en una conversación. Sin embargo, **cuando la luz de Dios brilla en mi vida, cuando Su voz hace eco en mi mente, Él ilumina mis espinas, muestra dónde puedo florecer y las áreas que requieren más trabajo o la ayuda de una Hermana Rosa de Hierro.** Ahora, damos testimonio sobre cómo Dios ha iluminado todo lo que hemos escuchado durante las últimas seis semanas.

Mientras más escucho a Dios, más quiero escucharlo. El quehacer se convierta en un gozo. **Hacerme a un lado para escuchar comprometidamente a Dios aumenta mi amor y aprecio por Él.** Esa dedicación al escuchar me lleva a una relación más profunda, con Dios y con otros.

Durante los últimos cuarenta días, cada una de Uds. ha crecido en su relación con Quien define el por qué. Cuándo, dónde y cómo sea que escuchemos lo que oímos, profundizamos nuestras relaciones las unas con las otras al compartir el resultado de nuestro escuchar. Y si son como yo, ¡no quieren que este tiempo se acabe!

¡No tiene que acabar ni debe terminar! **Estar comprometidas a escuchar y dedicadas a compartir lo que hemos oído debe pasar con más frecuencia con la que desempolvo mi casa.** No estoy segura si alguna vez encontraré gozo al quitar el polvo. Sigue como tarea que evito hacer. **Escuchar, a Dios y a otras, se ha convertido en un gozo, no sólo una tarea para el bienestar espiritual.**

Mi petición final es que respondan una lista de preguntas que se pueden responder luego, o a solas, o quizás como oportunidad de programar un reencuentro para el grupo pequeño en la que compartan las respuestas particulares de cada una.

Durante las últimas seis semanas…

1. ¿A QUIÉN has escuchado?

2. ¿Qué has aprendido sobre POR QUÉ escuchamos?

3. ¿CUÁNDO has descubierto que escuchas mejor?

4. ¿Hay un lugar físico o el DÓNDE te encuentras en la vida en el que estás escuchando actualmente?

5. ¿CÓMO puedes mantenerte comprometida a escuchar?

6. ¿QÚE te ha impactado más de lo que has escuchado?

Recuerda: **Sin importar cuándo, dónde, cómo o qué escuchamos, nos comprometemos a escuchar a Quien define nuestro por qué.**

Como ya hemos afirmado, importa a QUIÉN escuchamos. Importa saber POR QUÉ nos convertimos en oidoras dedicadas. No importa CUÁNDO ni DÓNDE escuchamos, si recordamos que puede ser cuando y donde sea. La Biblia provee ejemplos incontables sobre CÓMO escuchamos. Ahora, ¿QUÉ hacemos con lo QUE escuchamos? **¡Proclamémoslo! Invitemos a otra a unirse a la casa espiritual que Dios ha establecido.**

¡Gracias por estar comprometidas a escuchar a lo largo de este libro! Nuestros cuarenta días de dedicación se han llenado de cuarenta actividades únicas para ejercitar más que un solo músculo espiritual. Ya que se ha convertido en un hábito, ¡no dejes de escuchar! [42]

Relaciones con Dios y las unas con las otras se han fortalecido. Mujeres que no conocías antes, ya son tus amigas y Hermanas Rosa de Hierro.

¡Sigan escuchando siempre! Y mantengámonos comprometidas a escuchar, juntas.

P.D. En la ocasión que practiques estos mismos ejercicios para escuchar, usa otro color de tinta y anota la fecha. Cuando he utilizado esa estrategia, descubro cosas que Dios ha determinado que necesito escuchar una y otra vez. Aún si estaba escuchando la primera vez, un compromiso a escuchar me ayuda a oír el recordatorio. Otros días, con otros ejercicios, cuando escucho algo nuevo, Dios revela una verdad en las Escrituras que parece haber sido escrito exclusivamente para mí.

---

[42] *Llamada a escuchar: Cuarenta días de devoción* es un recurso paralelo usando el mismo formato y estilo, escrito por Michelle J. Goff, disponible en HermanaRosadeHierro.com y Amazon.com

Agradecimientos

Gracias especiales para Kadesh y Zeni, mis sobrinos. Siempre me han enseñado, su "Tía M" (Aunt M), cómo ser mejor oidora y lo que significa escuchar a Dios con la fe de niños. Lo que comenzó con mi compromiso a hablarles sólo en español se convirtió en su propio compromiso a escuchar a "Tía M" en español. Su mayor compromiso al escuchar ha sido a sus padres y a otros que les han enseñado a cómo escuchar mejor a Dios, a través de la lectura de Su Palabra y por muchas otras estrategias, muchas de las cuales son paralelas a la inspiración a escuchar en este libro. Alabo a Dios agradecida porque estuve presente para sus bautismos, su declaración pública de su dedicación a comprometerse a escuchar a Dios, por el resto de sus días, y a invitar a otros a escucharlo también.

Gracias infinitas a Dios, Aquél que siempre vale la pena escuchar.

Agradecimiento entrañable a mi madre quien se ha deleitado al escucharme y conversar conmigo desde que tenía 18 meses. Agradecimiento duradero a mi padre quien siempre estaba listo para escuchar la última aventura del Reino y luego compartirla con amigos, o hasta extraños.

Mi agradecimiento por mis hermanas va más allá de las palabras. Me oyen y me ven... lo que estoy diciendo y lo que quizás no sea obvio a otros. ¡Gracias!

Y a las amigas queridas cuya profundidad de amistad y compañerismo en el evangelio nos ha permitido fortalecer nuestra dedicación a escuchar a Dios y las unas a las otras... Estoy eternamente agradecida.

A mis Hermanas Rosa de Hierro alrededor del mundo, especialmente aquellas que participaron en los estudios piloto y que han servido como editoras del libro, ¡muchas gracias! Thank you very much! Muito obrigada!

Sería negligente si no agradeciera a muchos de los eruditas que han informado e inspirado mi escribir sobre este tema. He "escuchado" a los pies de Richard Foster a través de su libro, *Celebración de la disciplina*. En esa obra fundamental sobre las disciplinas espirituales, Foster afirma cuán grande es el escuchar como la parte íntegra de cada una de las disciplinas individuales y en comunidad. Lo recomiendo altamente. Otra recomendación es un libro de profunda influencia sobre el compromiso, *El precio de la gracia: El seguimiento* por Dietrich Bonhoeffer.

Afirma que si estamos comprometidas a escuchar, debemos ser inherentemente comprometidas a la obediencia. A.Z. Tozer, C.S. Lewis, Henri Nouwen, Phillip Yancey y Timothy Keller son otros maestros respetados que tienen mucho que ofrecer sobre el escuchar en la oración.

Sin embargo, cuando estamos comprometidas a escuchar, no podemos vernos obstaculizadas por un acercamiento académico a este tema. **La mejor manera de escuchar es el escuchar.** Sí, es así de sencillo y así de difícil.

Por lo tanto, mi agradecimiento final es para ti, la lectora y oidora de estas invitaciones humildes a escuchar y renovar nuestro compromiso a Quien llegamos a conocer más profundamente.

Apéndice A

Comprometidas a escucharnos unas a otras

Cuando tu grupo pequeño se reúne para conversar sobre lo que han escuchado de Dios, también es importante demostrar que estás comprometida a escuchar a las demás.

El escuchar implica dejar al lado tus propias necesidades para dedicar atención a otro, sea a Dios o a otras personas. Lamentablemente, dado que los seres humanos pueden ser bastante egoístas, el escuchar puede ser un desafío.

Como escuchadoras y aprendices, somos una obra en proceso. Las actividades de cada día nos ayudan a practicar el escuchar a Dios. Al final de la semana, a través de las Reflexiones semanales, practicamos escuchar las unas a las otras.

Mujeres, estamos escuchando para formar relaciones, no para arreglar ni corregir. La oración es nuestro mejor recurso y el Espíritu Santo es nuestro Guía fiel.

Queremos que la voz de cada mujer sea escuchada al compartir cómo ha estado escuchando a Dios y lo que ha oído. Queremos que tu voz sea escuchada. Pero también queremos que todas respeten el tema. La "Guía para la facilitadora" puede ayudar a la hermana que esté facilitando las Reflexiones semanales y los Elementos Comunes (Apéndice C).

Para la mayoría de las preguntas en los ejercicios, no hay "una sola respuesta correcta". En cambio, son diseñadas a dar la oportunidad de escuchar y luego compartir lo que han oído. Este libro no fue escrito para ser utilizado como una estudiante que quiere tener la respuesta correcta e impresionar a su maestra. **Somos hijas de un Padre amoroso que quiere escuchar lo que hay en nuestros corazones y lo que hemos oído por haberlo escuchado.** Juntas, somos testigos de esa comunicación.

El compartir/hablar respetuoso

Efesios 4:29, *"Eviten toda conversación obscena. Por el contrario, que sus palabras contribuyan a la necesaria edificación y sean de bendición para quienes escuchan."*

Salmo 139:4, *"No me llega aún la palabra a la lengua cuando tú, Señor, ya la sabes toda."*

1 Corintios 13:1, *"Si hablo en lenguas humanas y angelicales, pero no tengo amor, no soy más que un metal que resuena o un platillo que hace ruido."*

El escuchar respetuoso

Santiago 1:19, *"Mis queridos hermanos, tengan presente esto: Todos deben estar listos para escuchar, pero no apresurarse para hablar ni para enojarse."*

Proverbios 17:28, *"Hasta un necio pasa por sabio si guarda silencio; se le considera prudente, si cierra la boca."*

Jesús apartaba tiempo dedicado para escuchar a Su Padre, pero también permanecía comprometido a escuchar a otros.

Citas y consejos de *El arte perdido de escuchar* (2021)

Tercera edición, por Michael P. Nichols, PhD y Martha B. Straus, PhD [traducido por Michelle J. Goff]

- "El escuchar requiere dominio propio." (87)
- "No tienes que estar de acuerdo con otros para reconocer sus sentimientos." (163)
- "Escuchar es una habilidad y como cualquier otra habilidad, debe ser desarrollada. Pero aunque se puede ver el escuchar así, como una actuación, también se puede ver de otra manera, como una extensión natural del cariño y preocupación por otros." (346)
- "Escuchar es prestar atención, interesarse, preocuparse, tomar en serio, validar, reconocer, ser conmovido por... apreciar." (14)
- "El escuchar genuino exige el interesarse por el que habla y lo que dice." (84)

- "Para escuchar bien, debes contener lo que quieres decir y controlar el impulso de interrumpir o discutir." (84)
- "Escuchar mejor no comienza con una lista de técnicas. Comienza al hacer un esfuerzo por prestar atención a lo que está pasando en el mundo privado de experiencia de la otra persona." (152)
- "La comunicación efectiva no se logra por tomar turnos hablando; requiere un esfuerzo concertado hacia entendimiento mutuo." (158)
- "Se requiere a dos personas para compartir un sentimiento: uno que habla y uno que escucha." (15)
- "Escuchar es difícil porque implica una pérdida de control; y si tienes miedo de lo que puedas escuchar, se siente inseguro ceder el control." (162)

Las directrices para escuchar bien (*El arte perdido de escuchar*, pág. 171)

1. Concéntrate en la persona que habla.
    a. Elimina las distracciones.
    b. Suspende el argumento que quieres hacer.
    c. Interrumpe lo menos posible. Si interrumpes, debe ser para animar al hablante a decir más.
2. Intenta comprender lo que el hablante está tratando de expresar.
    a. No reacciones sólo a las palabras; escucha por las ideas y los sentimientos.
    b. Trata de ponerte en el lugar de la otra persona.
    c. Trata de entender lo que quiere decir la otra persona.
3. Asegúrale al hablante que entiendes.
    a. Usa el silencio, comentarios reconfortantes, parafrasea.
    b. Ofrece comentarios empáticos que expresan tanto que entiendes lo que quiere decir la persona (o lo que está tratando de decir) como los sentimientos por los cuales te importan escuchar.

c. Haz afirmaciones que animan a abrirse (cuéntame más, ¿qué más?) versus declaraciones que cierran la conversación (entiendo; lo mismo me pasó a mí).

Apéndice B

Formato de los estudios bíblicos del Ministerio Hermana Rosa de Hierro escritos por Michelle J. Goff

Los estudios bíblicos del Ministerio Hermana Rosa de Hierro (MHRH) son diseñados para el contexto de pequeños grupos de damas. Aún si fuera posible darles "todas las respuestas" y darles mi perspectiva sobre los versículos y conceptos presentados, no puedo enfatizar lo suficiente el valor de la comunión, la discusión y la oración con otras hermanas en Cristo. El formato de los estudios bíblicos permite mayor conversación, profundidad de conocimiento y perspectivas únicas. Si no siguen el libro exactamente, ¡está bien! Les invito a que los estudios sean suyos, que permitan que el Espíritu les guíe, y **que traten los estudios como guía y recurso, no como fórmula o guion.**

Los estudios bíblicos del MHRH también dan la oportunidad de escribir tu propio diario espiritual. Te animo a anotar la fecha al final de cada capítulo/semana y hacer apuntes en los márgenes mientras contestas las preguntas.

Recomendaciones para estudios bíblicos del Ministerio Hermana Rosa de Hierro:

- Apartar al menos una hora y media para reunirse semanalmente.
    - o   Somos mujeres – ¡Nos gusta hablar!
    - o   Tiempo en oración
    - o   Profundidad de conversación y plática
- Guiar el estudio en rotación entre TODAS las mujeres.
    - o   ¡Todas pueden guiar!
    - o   ¡Todas crecerán!
    - o   Para más sugerencias, revisa la *Guía para la facilitadora* (Apéndice C).

- Comprometerse a escuchar a través de los ejercicios de cada semana de antemano.
    - Las conversaciones y discusiones serán más ricas y profundas si todas vienen preparadas.
    - Vas a sacar provecho de acuerdo con el tiempo que le dedicas.
    - Vas a necesitar tu Biblia favorita a mano para cumplir los estudios. [43]
- Mantenerse en contacto durante la semana.
    - Orar unas por otras
    - Animarse unas a otras
    - Los 'Elementos Comunes'

Elementos Comunes en estudios del MHRH

Una manera en la que quieres *crecer* o *florecer*

Una espina que deseas *eliminar*

Un elemento en el que quieres *profundizar* o en el que necesitas a alguien como *afiladora en tu vida*
(Pr 27:17)

---

[43] Todo versículo, al menos que se anote lo contrario, viene de la Nueva Versión Internacional (NVI). Las abreviaturas de los libros de la Biblia siguen el formato de la NVI.

Los 'Elementos Comunes' (imagen en la página anterior) también sirven como un archivo de tu crecimiento espiritual individual y en comunión con tus Hermanas Rosa de Hierro. Usando la imagen de la rosa y el logotipo del ministerio, los pétalos de la **rosa** representan las áreas en las que reconocemos la necesidad de crecer o florecer. A través de los estudios, también podemos identificar **espinas** que deseemos eliminar o las cuales necesitemos ayuda para eliminar. Puede ser que sean espinas como las de Pablo (2Co 12:7-10) o pecados que nos estorban (Heb 12:1). El último Elemento Común es el **hierro**, visto arriba en forma de cruz. Se facilita mejor en comunión con otras hermanas cristianas: Hermanas Rosa de Hierro. A través de las relaciones con las Hermanas Rosa de Hierro, Dios revela áreas para profundizar y otras en las que necesitamos afilar (el hierro afilando a hierro).

¿Qué es una Hermana Rosa de Hierro?

Una Hermana Rosa de Hierro es una hermana cristiana que sirve como hierro afilando a hierro (Pr 27:17), quien anima e inspira a otras a ser tan bellas como rosas a pesar de unas espinas.

Propósitos de las relaciones Hermana Rosa de Hierro:

- Ánimo e inspiración
- Oración
- Entendimiento y afirmación
- Confidencialidad
- Afiladora espiritual (Pr 27:17)
- Llamado mutuo para vivir en santidad
- Amistad espiritual y conversación

Apéndice C

Guía para la facilitadora

Tal como se presenta en el Formato de los estudios bíblicos del Ministerio Hermana Rosa de Hierro, cada Hermana Rosa de Hierro es animada a facilitar la clase con todas las hermanas del grupo cada semana.

Aún si no te sientes equipada o capacitada para facilitar la conversación sobre el estudio o te falta experiencia, es una rica oportunidad para crecer y ser una bendición para otras mujeres. Estás entre hermanas y amigas quienes te están apoyando en esta parte de tu camino también.

Consejos o sugerencias, especialmente para nuevas facilitadoras:

- Haz que el estudio sea tuyo y **deja que el Espíritu les guíe**. Estos estudios son un recurso no un guion.
    - o Mayormente, por razones de tiempo, no podrán conversar sobre cada actividad de la semana.
    - o Siéntete libre de agregar tus propias preguntas o resaltar un ejercicio para escuchar que te impactó más.
    - o Escoge las preguntas que más quieres mencionar para conversar y decide cuáles puedes saltar si les falta tiempo.
- Afirma y anima la **participación en grupo**.
    - o Una de las mejores maneras de facilitar una buena conversación es afirmar a las otras en el grupo. Aun si no estás de acuerdo con lo que dijeron, puedes apreciar su disponibilidad de compartir ideas.

- o Agradece a las que están dispuestas a leer pasajes de la Biblia, orar o hacer preguntas para profundizar el tema. Y no se te olvide agradecer a las que comparten sus respuestas y sus aportes durante el estudio.
- o Si alguien está hablando demasiado o compartiendo demasiado, puedes interrumpirle amablemente y agradecerle por compartir. Puede que sea sabio hacer una oración sobre ella o sobre la situación en ese mismo momento para poder proseguir con el tema de esa semana.

• Mantente atenta a contestar primero la pregunta para conversar y usa tus propios ejemplos, pero **evita la tentación de ser la única que habla**.
- o Puede haber incomodidad al principio para escuchar y compartir en el contexto de los grupos pequeños. La primera y segunda semanas pueden comenzar más lentamente, pero ya para la tercera, todas ya se sentirán más listas y dispuestas a dialogar sobre el énfasis de esa semana.
- o Permite un tiempo de silencio incómodo para dar la oportunidad a otras a pensar y compartir. Idea: Cuenta hasta 10 en silencio para permitir que otras tengan oportunidad de pensar en sus respuestas. Puedes reiterar la pregunta con otras palabras también.
- o Está bien invitar a alguien en particular a responder una pregunta específica. No fuerces a nadie a compartir.
- o "¿Puedes explicar un poco más?" o "¿Había algo más que escuchaste o que querías compartir?" son buenas preguntas de seguimiento para facilitar la plática y profundizar el tema.

• Ser líder se trata de **facilitar la conversación**, no de tener todas las respuestas.
- o Cuando alguien menciona una situación difícil o presenta una pregunta complicada, siempre puedes abrir la pregunta a todas para que respondan con las Escrituras, no sólo con sus propios consejos.
- o Puede que la respuesta amerite un estudio más profundo de las Escrituras o una consulta con alguien con más experiencia en la Palabra y/o experiencia acerca del asunto mencionado. ¡Y está bien! Estamos profundizando en los distintos temas.

- **Acomoda para grupos más grandes**, si se necesita.
  - o El tamaño ideal para un grupo pequeño es entre 5 y 8 mujeres. Si el grupo es más grande, las mujeres más reservadas no van a tener la oportunidad de compartir.
  - o Aquí hay algunas sugerencias para permitir que las mujeres se conecten más profundamente con Dios y las unas con las otras por el estudio de la semana.
    - Escoge una sección o algunas preguntas que se pueden contestar en grupitos (2 o 3 personas).
    - Permite un tiempo en los grupitos y luego junta a todo el grupo nuevamente. Se puede hacer varias veces.
    - Además, los grupitos pueden ser una buena manera de compartir de los Elementos Comunes de cada una y más íntimamente en oración.
- Incluye **ejemplos adicionales de las Escrituras** y anima a otras a hacer lo mismo.
  - o Programas por internet, tales como BibleGateway.com o BlueLetterBible.org, proveen excelentes recursos: múltiples versiones de la Biblia, concordancias (para buscar donde aparecen ciertas palabras), diccionarios bíblicos, comentarios, mapas e interpretaciones de estudiosos.
- Da una **conclusión** práctica o una **aplicación** para llevar a casa cuando cierran la reunión con los Elementos Comunes.
- No te olvides planificar y apartar un **tiempo para orar**.
- Recuerda nuestros propósitos como **estudiantes de la Palabra e hijas del Rey.** Todas tenemos el deseo de profundizar nuestra relación con Dios y las unas con las otras: a ser Hermanas Rosa de Hierro que sirven como hierro afilando a hierro, animándonos a ser tan bellas como rosas a pesar de unas espinas.

Apéndice D

Sobre el Ministerio Hermana Rosa de Hierro

El Ministerio Hermana Rosa de Hierro (MHRH) existe para equipar a mujeres para que se conecten con Dios y con otras más profundamente a lo largo de las Américas.

CÓMO

Equipamos a las mujeres a través de materiales de estudio bíblico, conferencias, relaciones de mentoreo y otros recursos para conectarse con Dios y con otras mujeres más profundamente. Animamos a las mujeres a mirar a Dios y Su Palabra a través de las relaciones entre ellas que Dios diseñó para Su iglesia. Y empoderamos a las mujeres para que se apropien de su propio caminar espiritual.

POR QUÉ

En un mundo en donde estamos muy "conectadas", hay una falta de profundidad en nuestras relaciones como mujeres, con Dios y con otras mujeres. La falta de recursos de equipamiento motivó a Michelle J. Goff a responder al llamado con, *"¡Heme aquí, envíame a mi!"* (Is 6:8), iniciando el Ministerio Hermana Rosa de Hierro con el fin de:

- **facilitar** las relaciones entre hermanas cristianas que son como hierro afilando a hierro (Pr 27:17) animándose unas a otras a ser hermosas como rosas, a pesar de algunas espinas.

- **desarrollar, escribir y publicar** estudios bíblicos para mujeres lo suficientemente sencillos para que cualquiera pueda liderarlos y lo suficientemente profundos para que todas puedan crecer.

- **realizar** eventos en todo el continente americano, enseñando, empoderando e inspirando a las mujeres en su viaje como Hermanas Rosa de Hierro.
- **crear** una red de mujeres cristianas y ministerios de mujeres en las Américas.

DÓNDE

Desde su inicio en julio de 2013, Dios ha abierto las puertas al MHRH para animar, equipar y empoderar a las mujeres en más de la mitad de los estados de EE.UU., los 19 países de habla hispana de Latinoamérica, y Brasil de habla portuguesa, así como en Angola y Mozambique (en África).

Nos asociamos con la congregación local en las áreas en las que trabajamos, sometiéndonos al liderazgo local, mientras equipamos a las mujeres en sus relaciones con Dios y entre ellas.

Todos los recursos del Ministerio están disponibles en español e inglés; algunos están disponibles también en portugués.

Inglés: Iron Rose Sister Ministries

Portugués: Ministério Irmã Rosa de Ferro

QUIÉN

El **Equipo del Ministerio** está conformado por trabajadoras de tiempo parcial y a tiempo completo a lo largo de los EE. UU. y Sudamérica (biografías en el sitio web). **Voluntarias y Representantes del Ministerio** participan activamente desde los países en donde servimos.

Nuestra **Junta Directiva** siempre incluye al menos a un anciano, una mezcla de edades y áreas de experiencia, y una combinación de hombres y mujeres, todos apasionados por equipar a las mujeres. Además, funcionamos bajo la supervisión del grupo de ancianos de la congregación local donde está nuestra oficina principal.

Tenemos un grupo en crecimiento de **conferencistas, escritoras y mentoras** a lo largo de las Américas cumpliendo la visión que Dios nos ha dado.

El Ministerio Hermana Rosa de Hierro es una fundación sin fines de lucro, registrada como corporación 501(c)(3) en los EE.UU. Para aprender más, orar con nosotros o donar a la visión que Dios nos ha dado, visita nuestra página web: **HermanaRosadeHierro.com**.

Bibliografía

Austin, Esteban (compilador y editor). *Cantos del Camino*. Wichita Falls, TX: Worldwide Spanish Literature Ministry.

Biblia de Estudio – LBLA. La Habrá, California: The Lockman Foundation, 2000.

Bonhoeefer, Dietrich. *El precio de la gracia: El seguimiento*. 6a edición. Traducido por José L. Sicre, Salamanca: Sígueme, 2004.

Foster, Richard J. *Celebración de la disciplina: Hacia una vida espiritual más profunda*. Traducido por Karin Handley. Buenos Aires: Peniel, 2009.

Libros en inglés; citas traducidas por Michelle J. Goff

Capon, Robert Farrar. *Kingdom, Grace, Judgment: Paradox, Outrage, and Vindication in the Parables of Jesus*. [Combined ed.]. Grand Rapids: Wm. B. Eerdmans Pub., 2002.

Nichols, Michael P. and Martha B. Straus. *The Lost Art of Listening: How Learning to Listen Can Improve Relationships*. 3rd ed. New York: Guilford Press, 2021.

Notas finales de fuentes en línea, originales en inglés; citas traducidas por Michelle J. Goff

Semana 2, Día 4

https://dle.rae.es/dedicar (Accedido 15 Feb 2024)

Semana 3, Día 3

https://theconversation.com/the-humble-origins-of-silent-night-108653 (Accedido 21 Dic 2023) https://chicago.suntimes.com/2021/12/23/22824841/silent-night-christmas-carol-humble-origins-musicology-sarah-eyerly-the-conversation-op-ed (Accedido 21 Dic 2023)

https://www.cbc.ca/news/canada/british-columbia/how-silent-night-became-the-christmas-song-that-stopped-world-war-i-1.2878263 citando una entrevista con Stanley Weintraub, autor de *Silent Night: The Story of the World War I Christmas Truce* (Noche de paz: La historia del cese de fuego en nochebuena de la Primera Guerra Mundial). (Accedido 21 Dic 2023)

https://time.com/3643889/christmas-truce-1914/ (Accedido 15 Feb 2024)

http://www.silentnight.web.za/translate/ (Accedido 21 Dic 2023)

Semana 3, Día 7

https://www.biblestudytools.com/dictionary/watches-of-night/ (Accedido 21 Dic 2023)

Semana 4, Día 2

Moen, Don. "Yo deseo estar donde Tú estás", *En Tu Presencia*. 1999. Letra: https://genius.com/Don-moen-yo-deseo-estar-donde-tu-estas-lyrics Canción en español (con instrumentos): https://www.youtube.com/watch?v=I0Ap2_lYHN8 (Accedidos 23 Mayo 2024) Versión original: Moen, Don. "I Want to Be Where You Are", *Hosanna!* Integrity Music, Integrity's Music/ASCAP. 1989.

Semana 4, Día 5

San Juan De la Cruz, "La noche oscura del alma". 1578. https://www.academia.edu/34365179/LA_NOCHE_OBSCURA_DE_SAN_JUAN_DE_LA_CRUZ (Accedido 23 Mayo 2024)

Semana 6, Día 2

https://clipartmag.com/images/book-open-clipart-15.png

https://clipart-library.com/images/kTMbGAp7c.png

Sobre la autora

Michelle J. Goff
autora, conferencista internacional, fundadora y Directora ejecutiva del Ministerio Hermana Rosa de Hierro

Michelle siempre se ha sentido apasionada por equipar a las mujeres que hablan inglés y español en su caminar con Dios al enseñar, escribir, exponer y servir como mentora. Sus años de experiencia en el ministerio local de mujeres en misiones, plantación de congregaciones y ministerio universitario la prepararon para compartir estos recursos a nivel global con mujeres a través del MHRH.

Ahora, Michelle está aprendiendo el portugués por la expansión de los recursos del ministerio a Brasil. Le encanta viajar, cocinar, nadar y pausar para oler las rosas. Disfruta el momento perfecto de una taza de café, especialmente cuando es compartido con una amiga. Reside en Arkansas cerca de su familia.

Otros libros escritos por Michelle J. Goff

(Disponibles por HermanaRosadeHierro.com y Amazon.com)

- *Humano Y Santo*
- *En la mano derecha de Dios: ¿A quién temeré?*
- *¿Quién tiene la última palabra? Cortando las mentiras de Satanás con la Verdad de la Palabra de Dios*
- *Llamada a escuchar: Cuarenta días de devoción*
- *YO ya SOY: Testimonios de fe en el Gran YO SOY´*
- *Una sola razón: Conversaciones con solteras*
- *Una sola razón: Estrategias congregacionales de Conversaciones con solteras*

www.ingramcontent.com/pod-product-compliance
Lightning Source LLC
Chambersburg PA
CBHW051804040426
42446CB00007B/512